马云与 Ken 夫妇在一起

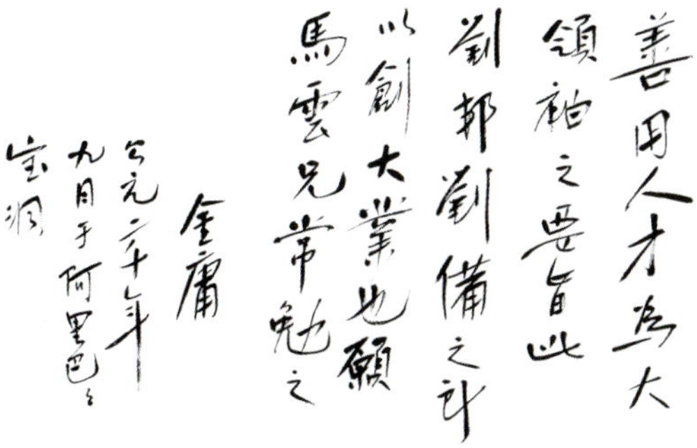

金庸的题字

2001 年 9 月，金庸、马云和张纪中在杭州梅家坞合影

2008 年，

马云在香港菁英会上做演讲

马云与索罗斯

在江南会大讲堂

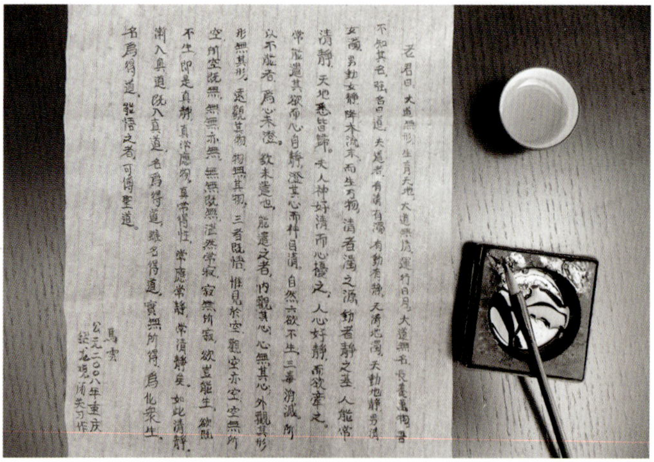

2008 年缙云山上，

马云“禁语”时写的字

传太极到印度

马云在陈王廷创拳处

一群蜜蜂来袭

阿里巴巴 10 周年

庆典上马云的朋克造型

马云在弹钢琴

同学们齐声喊“帅！”

末日那天

洛杉矶 D9 会议海报上的马云

呼伦贝尔草原合影

“马画藤”

与杰克·韦尔奇在纽约街头偶遇

上市当天一大早到纽交所

阿里合伙人在纽交所门口合影

马总与上市敲钟的 8 位客户代表

第一笔交易

这就是马云

陈伟——著

浙江人民出版社

图书在版编目（CIP）数据

这就是马云 / 陈伟著. —杭州 ：浙江人民出版社，2018.1（2023.12重印）
ISBN 978-7-213-08589-5

Ⅰ. ①这… Ⅱ. ①陈… Ⅲ. ①马云－传记 Ⅳ. ①K825.38

中国版本图书馆CIP数据核字(2017)第325757号

这就是马云

陈 伟 著

出版发行：浙江人民出版社(杭州市体育场路347号 邮编 310006)
市场部电话:(0571)85061682 85176516
责任编辑：郦鸣枫
责任校对：戴文英 张志疆
封面设计：王 芸
电脑制版：杭州兴邦电子印务有限公司
印 刷：浙江新华印刷技术有限公司
开 本：710毫米×1000毫米 1/16 印 张：18.75
字 数：221千字 插 页：8
版 次：2018年1月第1版 印 次：2023年12月第7次印刷
书 号：ISBN 978-7-213-08589-5
定 价：59.80元

目　录

第三章 马云和张纪中

第四章 阿里巴巴，我来了

第五章 忙碌的阿里人

第六章 兴趣和哲学

第十一章　和马云一起行走

第十二章　从“退休”到上市

马云推荐序

我和太太还有几个朋友去马尔代夫度假，临走前我的助理陈伟说有文章会发给我，空闲的时候看看。

我以为跟从前一样是一些收集来的笑话，直到我在马尔代夫看到邮件。

我没想到那么久以前的事他能记得这么清楚，那些往事和细节，一只脚都已经跨出了我记忆的边缘，现在又集中起来“回放”了一遍，让我想起很多过去的美好时光。

每次去机场我都很忐忑，因为时不时又会冒出一本关于我的书。其实没有一本书是我写的，常会有人在机场买一本书让我签名，我很为难，因为很多时候我和他（她）一样都是第一次看到这本书，也不清楚里面写了些什么。

陈伟发给我的大多是从前的一些有趣的事，最主要的一点是，他轻松、幽默和娱乐的笔墨，让人很容易往下看。

再版序

“我从头到尾看完的第一本书就是自己写的书。”——这是三年前出了《这才是马云》后我常说的一句实话，只是想说明，写书并没有想象中那么难，可这句话怎么听都像是“吹牛”。

别人“吹牛”是企图把假的说成像真的，而我常常是一不小心就把真的说得跟假的似的。

阿里巴巴其他同学都有梦想，而我只有猜想。我只在每年年底猜想马云会不会给我加薪？会不会给我升职？所幸的是我对猜想的内容并没有期待，所以马云也认为我是公司仅存的没能被他的激情所鼓动的人。

“吹牛”的第一要素是要有好听众。人类自以为再深刻的思想，上帝听了都会摇头笑，所以“吹牛”无所谓好坏，开心就好。公司里有一群叫我“陈爸”、陪我吃中饭、听我“吹牛”的同学，她们人生的最高梦想是“出一本书”，最低愿望是“出现在一本书里”。其实，分批实现她们的最低愿望才是我写书的真正目的。毫无原则地帮衬自己人是我唯一坚持的原则。

一年以前，曾再版过一次，书名叫《这还是马云》。增加了一些内容，又换了一个很酷的封面，结果销量超过了第一版。

前些天，一位已调离杭州的老领导跟我说："别人写书都是写三部曲，可你只写了两部。从去年马云'退休'到今年阿里美国上市，发生了这么多事情，你多少也写点嘛。上一回再版我帮你起书名叫《这还是马云》，这回我又帮你想好了，叫《这就是马云》吧。"

说来也巧，过了两天，出版社的领导给我打电话，说："之前两本的封面都有点搞笑，不够正式。你再写写最近这两年的事，加在一起，我们做一版精装版，如何？"

从去年 4 月份以后，我不记得自己有写过超过 300 字的文章，这次下了很大的决心才整理了从去年到现在的一些内容，作为本书的第十二章及附录的一部分。再版的书名就按老领导说的，叫《这就是马云》。

如果你没有看过我写的这篇序就贸然买了这本书，而且看完后觉得后悔，觉得增加的内容不够多或不够幽默，请反省你自己的草率。

这两年我跟别人"吹牛"时经常会说：你将会出现在我的下本书里。如果你当真了，而事实上这本书里并没有写到你，请反省你自己的幼稚。

和太极禅苑的"女儿们"

作为一个普通人，我从来没有要求过自己说到做到！

写字这事儿其实我很不喜欢，一个人对着电脑太无聊，远不如当面"吹牛"来得酣畅淋漓。整理完这些内容，我发誓再也不写了！

不知道这一回我能不能说到做到。

陈　伟

2014.11

自　序

仰视这个世界，你会觉得人和人之间差别太大。俯视这个世界，往前看，你我都是亿万年生物进化的同一个辉煌终点；往后看，你我最多是生物继续演变跳不过去的一环——而已。

我个人以为，人生意义的主体就是“吹牛”。一个人从默默无闻到功成名就的过程，其实就是一个不断换人“吹牛”的过程。

学习和思考改变“吹牛”的内容，奋斗改变“吹牛”的对象。

做职员时跟职员吹，做经理时跟经理吹，做领袖时跟领袖吹，不同的人生就这点区别。

培根曾经说过：“知识就是力量。”这地球人都知道，可后半句知道的人不多：“而大多的知识是拿来炫耀的。”也就是说是用来“吹牛”的。

想一想很容易明白，你搭个狗窝用过勾股定理吗？你扔块石头算过抛物线吗？你炒菜放个盐查过摩尔量吗？回答都是否定的。就算是发射卫星的数万名科学家，每人能用上的也就是那么一小点专业的知识。

世界上只有两种人是快乐的，喜欢“吹牛”的和喜欢听人“吹牛”的。

不“吹牛”的人是痛苦的，即使他有很高的成就，比如米开朗琪罗；

能“吹牛”而内心不爱“吹牛”的人也是痛苦的，比如叔本华；爱“吹牛”能吹好“牛”也爱听别人“吹牛”的人是最快乐的，比如马云。

马云有一回从工棚边经过，棚里突然爆发出纯真的大笑声，马云无比羡慕地说：“听！民工吹牛吹得多开心。”

我说：“也许他们刚刚吹牛的话题正是：假如我是马云，我就每天……”

米兰·昆德拉说过：人总是生活在别处。

马云在一次淘宝年会上说：“作为 CEO，我的工作只能是讲讲话，吹吹‘牛’了，你们要容忍这样一位 CEO。每次‘吹牛’听上去总是那样‘不可能’，而你们——阿里人每次都完成得比‘不可能’更‘不可能’，我们一直配合得很好……”

大约 2100 年前，汉武帝刘彻看了《史记》后，对司马迁说：“你写的是正史吗？你以为你真的看懂朕了吗？已经发生的，和没有发生的……”

我以为，历史的本质是一首思想的旋律，而所有记载的资料就像散落一地的黑白钢琴键，每个人都只能根据这些键去猜想旋律。

每年都有国际著名大学的人来阿里巴巴集团做研究、写案例，案例报告完成后都会让马云过目签字。马云总是质疑：“你们写的是阿里巴巴吗？这不是阿里巴巴！”

“你不懂！这就是阿里巴巴！”学者们说。

“好吧，那就算是阿里巴巴吧！”不知马云是反思自己，还是不想跟学者们去辩驳。

“当年没有跟 eBay 合作，”有一次马云说，“外界猜想很多。其实原因只有我自己知道，我见到 eBay 团队的某某就莫名其妙地不爽，而我对那位女 CEO 还是挺钦佩的。”但为什么会莫名其妙地不爽，马云自己也没有合理的解释！

正如叔本华说的："我们可以做我们想做的，但我们无法想我们所想的。"

有一种细菌很想飞，可又没有翅膀，于是它潜入青蛙产的卵里。由于细菌的侵入，孵出的蝌蚪和青蛙都是残疾的，很容易被老鹰吃掉，于是细菌如愿以偿地感受到了飞翔！

我不是老鹰，我是飞翔着的细菌。

助理是一份特殊的职业，不同的助理也有天壤之别。

国家部委领导的助理有的是副部级干部，而有些娱乐明星的助理就是生活小保姆。

企业家的助理有的是秘书，有的是顾问，有的是保镖……

而我啥也不是。我认识张纪中老师 10 多年了、认识马云则 20 多年了，分别给两位做过助理。每当别人问起我的主要工作，我总是老半天都答不上来，在张纪中老师那里是如此，在马云这里还是如此。遇见比较熟的人，我会开玩笑说我是一个"御用闲人"。

我永远不会说我了解他们，只是在这里记录一些我亲历的名人凡事，也不知这些黑白键能否让你更接近旋律本身。

另外，书里有一小部分"八卦"，表面上看跟马云没有多大关系，但我的人生轨迹都是因为马云"肆意篡改"才变成现在这样的，所以也算跟他有关。偶尔"跑题"希望能得到你的谅解。

第一章

马云和他的英语班

我是在 1992 年年初认识马云的，屈指算来，我们已经有 20 多年的交情了。最初，我的身份是马云的学生——我在他开办的英语夜校学习。几年过去后，大家在一起混得很熟，成了朋友，尽管我的英语大多已经“还”给了马云。

每每回想起在英语夜校的生活，我都感觉十分温馨和快乐。那时候的许多人和事都成为人生中最美好的记忆，我们中的很多同学至今仍是很要好的朋友。更让我想不到的是，我的后半生竟然在当年这个小小的决定中，不知不觉发生了改变：在夜校，我和老师马云、张英夫妇成为好友，进而结识了来夜校采访的中央电视台编导樊馨蔓，以及樊导的爱人张纪中先生，乃至后来因缘际会，我先后成为张纪中先生和马云的助理！回首往事，不由得感叹，人生往往就是这么奇妙，你当下一个不经意的行为很有可能成为转变人生的机遇。

迟到的老师

1992 年的春天，我大学毕业 3 年多，住在集体宿舍。晚上没什么事做，听说杭州解放路基督教青年会里有个英语夜校班，每周学习一至两晚。反正闲着也是闲着，于是我就报名参加了。担心可能会有入学面试什么的，我还把大学英语书翻出来读了一天，结果去了一看，什么考试也没有，就通知我上课了。

第一天上课，我提前到教室认识新同学，同学中有想出国留学的高中生，有在校大学生，有工厂里的工人……而大多是像我一样大学毕业刚参加工作不久的。

上课铃响了，同学们自己选位子坐下，可讲台上空空如也，老师没有到。五六分钟后教室里开始骚动起来，左顾右盼的越来越多。有人开始建议派人去问问，是不是换教室了。

就在这时，突然见一男子冲上讲台，人长得瘦小也很特别，没站稳就开讲："今天我们讨论的题目是'迟到'。我最讨厌迟到，迟到就是对别人的不尊重，从某种意义上说，迟到就是谋财害命……"这时同学们都会心地笑了，老师用一种诙谐自嘲的方式向同学们表示了歉意，这位老师就是马云。

马云当时是杭州电子工业学院（现为杭州电子科技大学）的英语教师。他和爱人张英原是杭州师范学院（现为杭州师范大学）英语系的同学，之后又分配到了杭州电子工业学院的同一个英语教研室。杭州电子工业学院在杭州高校中排名很靠后，但马云夫妇却都是杭州高校的"十佳英语教师"。

开场白结束进入讲课的正题后，我们才发觉这个老师的英语课和想象中的完全不一样。以往我们上英语课时，大多是老师带领大家抱着课本按部就班地背单词、分析课文、讲解语法，等等，一堂课下来，学生大多听得晕晕乎乎，不知所云。而马云则不同，他讲课时往往抛卅书本，很少讲解语法和词句，更注重和大家的口语交流；并且常从新闻中找吸引人的话题来进行课堂讨论，再配以幽默风趣的语言和夸张的肢体动作，大大提升了我们这帮"哑巴菜鸟"学习的积极性。于是，我们常常在笑声中不知不觉就学会了几句口语。

马云每次讲课时都会出一个命题，让同学们选某一方的观点，而剩下“无理”的那一方观点则由他一个人坚持着，与所有同学展开辩论。记得同学中有几个是做医药代表的，所以有一堂课我们的命题是“commission”，讨论医药佣金（回扣）问题。我们选的是反对方的观点，所以马云就只能选支持方。谁知辩论下来，我们大败。

辩论结束后马云点评说，其实他也很反对医药佣金，但他告诉我们：“假如刚才你们这样这样说，那我就会 tough（艰难）很多……”

尽管同学中也有口才不错的，但在我记忆中，没有一次是我们胜过马云的。因为马云的英语口语比我们好太多，而且他看问题的角度也很特别，他是“另眼看世界”。

“马关条约”

1995 年，在杭州西湖上举办国际摩托艇大奖赛，200 多名杭州美女报名争做司仪。当时马云的英语口语在杭州已小有名气，所以主办方请他帮忙培训这些美女的英语口语，并最终录取 50 名。那段时间，马云要兼顾学校本职工作、夜校的教学和培训一帮美女三项工作，忙得脚不沾地，走路都带着风。但他从不向我们抱怨累，反而常常神采飞扬地向我们炫耀给“美女班”上课的故事：“……你们想啊，200 多双杭州最漂亮的眼睛向我眨个不停，搞得我上课都有些紧张……”

这时，我们男同学就会无比羡慕地说：“亲爱的马老师，如果哪天您老人家觉得太累了，弟子十分愿意为您分担工作……”

马云则干脆地回答：“想都不用想，再累我都会坚持的！”

由于美女们能否顺利得到司仪的工作，“生杀”大权全都掌握在马云的手中，所以我们常说：“英雄难过美人关，美人难过马云关。”这就是当时英语班所说的“马关条约”（当然，这里的“马关条约”不是指清朝时期签订的那个丧权辱国的《马关条约》，绝没有戏侃国耻的意思）。

有时，我们会问马云："您是根据什么标准选定司仪的？身材、相貌，还是英语口语水平？"

马云就会开玩笑地回答："都不对！快过节了，我主要是看谁给我家送火腿。"

当时在西湖边的六公园里有一个英语角，每周日上午有兴趣的人都会自发前往，练习英语对话，于是，我们同学就三五成群地赶去凑热闹。上午在英语角逛逛，用英语侃侃"大山"，顺便商量着安排下午的游玩活动，一举两得。

马云也常去英语角，后来他发现许多人学英语的热情很高，一周一次的英语角不够，就带领我们在少年宫门口的广场上也办了一个英语角，每周三的晚上都有活动。一来二去，来参加的人越来越多，形成了说英语的强大"气场"。再加上活动时间是在晚上，谁说得好说得坏，都看不清相貌，使得大家说英语的胆子更大了。一到周三晚上，英语角里就分外热闹，各种带着语病的"中国式"英语夹杂着汉语齐飞，不管自己说的英语对方能不能听懂，只是连说带比画地使劲表达着自己的兴奋。

看到这种景象，马云嘿嘿直乐："这个主意不错吧，讲英语时看不清对方，胆子就是大！"

侃完英语，大家还能进少年宫里玩乐一番，和小孩儿们一起玩玩游乐项目。大家开心得不得了，好似回到了童年。少年宫英语角很是红火了一阵，一直到冬天户外太冷了才停办。

课堂之外

由于我和马云住得比较近，所以下课经常一起回家。马云当时骑着

马云带部分同学去大奇山玩

一辆杭城第一代的电动自行车，发出的声音跟拖拉机很像，但又不快，给人一种雷声大雨点小的感觉。他第一天上课迟到，就是因为“拖拉机”坏在了路上。

那几年的时光是非常美好的回忆，除了学习英语以外，同学们还经常组织在一起喝茶、打牌、讲段子……

在讲段子方面，我的“成绩”还算“名列前茅”。有时候别的同学讲不好，马云就会打断他：“把你的‘毛坯’告诉陈伟，让他‘锻造’一下再讲给大家听好不好？”当年有很多故事，比如“屠夫遇美妇”之类的段子，至今同学们见面还会提起。

1992 年夏天，我们班一位漂亮的女同学王丹上课没多久就要随夫君去澳大利亚定居了，大家都很不舍。那时的澳大利亚在我们看来，跟月亮一样远，只有马云去过，而且也是马云唯一去过的外国。马云组织大家去富阳新沙岛游泳和游玩，算是给这位女同学送行。

马云只有一岁的儿子也一同去了。大家游泳时，马云把儿子交给了最健壮、最会游泳的阿兴同学看管。等大家都下水后，阿兴同学把马云的儿子抱在怀里，走到了浅水的地方。小孩子想挣脱大人，阿兴问：“你想自己游吗？”小孩子点点头，于是阿兴就把他放进了水里。

一岁的小孩怎么会游泳？阿兴放手后他马上就沉了下去，不巧一个浪又刚好打来，小孩子不见了！幸亏水不深，大家又都在附近，赶紧一阵乱摸把孩子捞起。虽然前后不过10秒钟左右的时间，可小孩子被捞起来后还是咳了半天的水。

现在这个身高1.82米的小伙子，每次提到阿兴叔叔，想到的第一件事就是这个。

英语班的师生间情谊很深，同学们即使到了国外，也都会把联系方式告诉马云。2007年春节我和张纪中去澳洲，马云说方便的话可以去看看王丹，并把她在布里斯班的地址发给了我。

我没有去。因为美女是最经不起岁月“蹂躏”的，留在记忆中更好些。我认为跟美女经常见面，看着她们的美丽一点点被时光“蚕食”，还可

图中举手的是作者

以接受。而隔十几年突然再见，美好的记忆突然破碎的痛苦我已不愿再领教。

马云当年还特别热衷给人牵线搭桥，最有意思的是我们同学中的一对。男的很健壮，但乡音很重，说的中文和英文里都有很浓的绍兴口音，平时喜欢打打牌，不是特别上进的那种。而女方则是追求浪漫、追求完美、觉得婚礼应该去巴黎举办的那种人。我们当初都认为他俩不靠谱。但当男方告诉马云他喜欢女方时，马云马上同意出谋划策去帮他。马云凭威信和超强的说服力最终说服了女同学。后来他们结婚生了儿子，生日是9月3日，碰巧那天金庸在杭州，马云特地请他给孩子取个名。金大侠根据生日给孩子取名“三旭”。有了这个名字谁也不会忘记他的生日了。

老天爷比我们想象的要更幽默，大家都不看好的一对在马云的撮合下结成了夫妻，而英语班两对“楷模夫妻”却悄悄散伙了，弄得同学们都惊愕不已。

其中一对，女方是我们同学，漂亮又豪爽。她家里房间比较多，经常请大家去打牌、下围棋。女同学怀孕了，预产期是2月14日情人节。马云说这个日子生，一定是个小情种。因为男方姓杨，所以他说如果生女儿就叫“杨玉环”，不小心是男的那就叫“杨国忠”算了。

结果女同学果然在2月14日生了个男孩，先通知了我，我跑去马云家告诉他们。由于我表现得异常兴奋，马云的岳母就说：“陈伟这个人真滑稽，好像是他生儿子一样。”

马云也很高兴，说：“那我们去看看‘国忠’吧。”

后来这对大家眼里的模范夫妻莫名其妙地离婚了，女同学“潇洒”地扔下大小两个男人去了国外。可我们依旧去她原先的家打牌、下棋，因为这时她的前夫已经成了我们的好朋友。

有好几年的年末最后一天，同学们都会在他家打牌、聊天到凌晨，我们调侃说："我们每年都是打牌开始，打牌结束。"

还有一位女同学，是美女加淑女，工作是马云帮助介绍的。有一堂课上，她用英语讲了她的恋爱故事，跟童话一样。她说她讨厌相亲，有一次外婆"骗"她去吃饭，其实又是去相亲，结果遇见了"白马王子"。她说她感谢生活，感谢这次"欺骗"，说得大家都羡慕不已。后来，她也请大家去她家吃过饭，丈夫很帅，而且温文尔雅，结果不久也莫名其妙地离婚了。

离婚后她就没有再来英语班上课，16 年后又一次见到她。还好，依然"淑"，说话很慢，矜持有度。

依然存活的海博翻译社

有一年，杭州所有的广播电台都改成了直播，听众可以打进电话参与并可能拿大奖。一时间随身听大卖，电台收听率节节攀升。其中有档很火的节目叫"外来风"，专门介绍国外流行歌曲，马云被邀请做客串主持，很多杭州人都是从听这个节目才开始慢慢地了解并喜欢英文歌曲的。

马云还学过一段时间的日语，我们问他日语学得怎样，他会马上背上很长一段。你听着确实很像日语，问他啥意思，马云说这是他编的，连他自己也不知是什么意思。逗你玩呢！

随着改革开放的深入，社会上翻译外文资料的需求越来越大。这时，马云发现身边许多的同事和退休老教师都闲在家里，于是就产生了一个念头："我能不能在杭州成立一个专业的翻译机构呢？这样一来，既能减轻自己的负担，又能让那些老师赚点外快贴补家用，一举两得。"1994 年 1 月，马云利用青年会沿马路的两间房办起了"海博翻译社"，"海博"是英文"希望"的音译。马云解释说："大海一般博大的希望，这个名字不错吧！”

翻译社成立时，虽然只有少数几个同学入股参与运营，但全体同学都积极对外宣传。记得开张那天，同学们还拉着横幅去武林广场做了次宣传。

当时，翻译社的员工只有马云和几个从杭州电子工业学院退休的老教师。马云的主业还是教书，只能用课余时间打理翻译社。然而，创业初期，他们的付出与回报是不成正比的。不管马云再怎么努力，我们再怎么帮马云在校内外做宣传，依旧改变不了翻译社生意惨淡的命运。但马云一直坚持着。

因为房子沿街，翻译社还兼卖过鲜花和生日礼物。为了进货，马云在双休日还带队去过义乌小商品市场采购礼品，放在店里卖。到1995年，海博翻译社的生意渐渐好起来了，而那时候马云已经把重心转到做互联网上，就把翻译社送给了其中一个入了股的学生。

翻译社至今还在老地方开着，门面也没有扩大，但现在几乎所有的语种都能翻译，常译的语种就有20多个。如今，我们再登录海博翻译社的网站时，首先就能看到4个大字——“永不放弃”。这4个字，是马云当年亲笔题写的。

马氏英语班之G的故事

英语班名气越来越大，学生也五花八门。有残疾人坐轮椅来的，有电视台主持人带妈妈一起来的，也有奶奶和孙女一起来上课的。Grandma就是当时的学生明星，没有人知道她真名叫什么，我见到她的时候她已过80岁了，大家跟着马云都叫她“Grandma”（祖母，下面简称“G”）。

其实G是我“学姐”，马云在青年会教课前还在涌金夜校教过英语。

当年G晚上没事就去涌金夜校逛逛，看有班级上英语课她就坐在后面听，一开始同学们还以为是“老领导微服私访”。

别人害怕记单词，可G却通过睡前背单词治好了头疼和失眠。

到青年会时，G的口语和听力在班里算中上水平，而且耳聪目明。马云经常会拿她做例子：“看看G，你们还有什么学不好的理由？”

G的一个外孙女当时不到20岁，也来听课，听完课后会跟我们玩到凌晨才回家。我们问她，这么晚回家家人放心吗？她说：“跟别人出去家人当然不放心啊！但G知道我是跟你们出去就没事，G说了，我们班全是好人！”

海博翻译社成立后，G主动要求去做宣传，并去一些公司联系业务。大家都不忍心让她去，她却说：“我去容易成事，谁会拒绝一个80多岁又会讲英语的老太太的请求呢？”事实正如G说的那样，年轻人办不了的事，G出马基本一次搞定！

G当时还骑自行车。有一次她送文件时迷了路，后来大家不敢再给她活儿干。再后来她就专门负责去大宾馆做宣传，大宾馆冬暖夏凉，环境也好一些。

都说老年是第二个童年，这话不假。G也会生气。有一次我跟同学在讨论歇后语，说道：老太太喝稀饭——无耻（齿）下流，老太太靠墙喝稀饭——卑鄙（背壁）无耻下流。同学们听得哈哈大笑，G却很严肃地走过来，说：“这些歇后语我不爱听！”

那段时间G因为肠梗阻开了三次刀，还截了肠。由于G的心态良好，恢复很快。再来上课时我对G说：“据科学报道，东方人由于以素食为主，消化和吸收的‘程序’多，所以肠比西方吃肉的要长一些。您现在截了一段肠，我觉得这对您学习英语一定是有帮助的，因为您现在比我们更接近洋人。”G听了笑个没完。

我们在“平湖秋月”为G举办了一场特殊的纪念活动

英语班的事情传到了中央电视台，引起了《东方时空》杭州籍编导樊馨蔓的兴趣。她带着摄影师来到杭州，打算为我们拍摄一个短片。

樊导先“潜伏”在英语班里听了两次课。我当时发现班里多了个长发大眼睛的女同学，课间会跟马云交流。听说她是电视台的，我也没太留心，因为班上来来去去的同学本来就很多，习惯了。

这时的G腿脚已经不太方便，马云每次都指定不同的同学去接G上课，那天刚好轮到了我。

到了G的家门口，我像平常一样敲门。门刚打开，一道刺眼的强光扑面而来，我被吓了一大跳。原来摄影机已“埋伏”在G的家里，马云和几个同学也已先我而到。我们一开始有点紧张，樊导说：“大家不要紧张，原来该怎样还怎样，就当我们不存在。”

我们在G的家里坐了一会儿。墙上有一张老照片，有很多人，中间是邓颖超，落款是“全国先进生产者代表会议全体职工家属代表”。

已经没有办法从照片上辨认出G，G告诉我们，她先生是铁路工程师，照片拍摄时间是1956年，在北京。那时她在家属区跟大家一起办托儿所、小卖部。

我们接了 G 去上课，樊导全程跟着我们拍摄。

不久英语班的故事就出现在《东方时空》的“生活空间”节目里（还记得节目的广告语叫“讲述老百姓自己的故事”），这节目收看的人不少，播出第二天就有不少熟人跟我说：“昨天我在中央台看到你了！”

1995 年秋天，G 过世了，当时《女友》杂志刚发了一篇《公关老太太》介绍她。大家都很悲痛，马云召集全体同学在西湖边的“平湖秋月”为 G 举办了一场特殊的纪念活动。

马云说：“……G 在天上会一直陪伴着我们，她不希望看到我们悲伤，她希望看到大家快乐。今天我们在美丽的西湖边回忆 G 跟大家在一起的点点滴滴，我们要高高兴兴地送送她……”最后，我们把 G 的骨灰撒在了西湖里。

情同父子

马云和 Ken 夫妇在一起

提起马云的过去，Ken 是一个绕不过去的名字。

很多人都知道马云考大学考了 3 年，但很少人知道他曾风雨无阻 10 多年每天在西湖边读英语，和外国人交流。

Ken 是澳大利亚人，是马云很小的时候就在西湖边结识的朋友，他们情同父子。Ken 曾邀请马云去过澳大利亚，到了那边马云才发现，资本主义并不是他原先想象中那么水深火热，也用不着我们去拯救。相反，如果我们不迅速发展，我们恐怕将“被拯救”。

马云与 Ken 的两个孩子合影

在澳大利亚，让马云记忆较深的还有一件事，就是公园里居然有很多人在打太极，这是马云最喜欢的健身运动。

Ken 有时也来英语班做客。那时他已年过古稀，但依然健壮。这样我们班里就有一男一女、一中一外两个老人了。

他话里有很多俚语，我们不懂，马云会帮助解释。比如，“非常好”这个词，他会说“血淋淋地好”(bloody wonderful)。

他手指很粗，用电脑打字时经常要用一根筷子，否则就会一次打出两个字母。

1998 年马云在北京工作，Ken 来杭州时马云让我接待他。有一个星期，我去哪儿都带上他，吃完晚饭才送他回宾馆。我自以为接待得不错，可他却向马云“投诉”我总是酒后驾驶，屡劝不改。当时我不以为意，现在想来是我错了。

马云是个很念旧的人，Ken 已过世好多年了，但马云的家里和办公室里一直放着他与 Ken 的合影。

Ken 的儿子跟他爸爸长得一模一样，是一位瑜伽教练，2009 年我还在马云家里见到过他。

曲终人未散

由于马云开始创业，英语班就解散了。但同学们还继续交往着，喝茶、打牌、下围棋、讲段子……

马云出差开始多了起来，常常不在杭州。而同学们聚会时也总会打电话给他，告诉他聚会的有哪些人，在干什么。

由于有的同学要出国深造等原因，结婚比较晚。每当有女同学孑然一身回国跟大家聚会时，电话那头的马云就会开玩笑地说："告诉她，找个好人家该嫁就嫁了吧，不要再等我了！"有一天傍晚马云打电话给我，说他在深圳吃大排档呢，问我最近有没有什么好段子。我就给他讲了两个，电话那头他哈哈大笑，不能自已。过了一会儿，马云在电话里轻声

富春江一游，其中有 G 和 Ken

说："刚才笑得太响，把旁边一桌吓着了！"

在一个深秋的周末，天气非常好。马云难得在杭州，大家一起去宝石山上的抱朴道院喝茶、打牌。马云穿着一件很帅气的风衣，一个同学看了看他衣服的商标后，说："鳄鱼嘛，名牌！跟 ××× 的一样。"

马云说："跟谁一样？看清楚，看清楚！鳄鱼头是朝哪边的，我这是法国鳄鱼！"

旁边一对快乐的老夫妻在下军棋，缺一个裁判。我们打牌的人还有多余，马云就安排输了牌换下的人去给老夫妻做裁判。老夫妻玩得很开心，当老头用"炸弹"炸了老太婆的"司令"后，老头的脸笑成了一朵花，大声说："兵不厌'炸'，那是炸弹的'炸'。"

老夫妻的快乐感染了我们。其实快乐本来就很简单。

过了没多久，马云说有点事先下去一趟，中饭没有赶回来吃。等马云回来已经快下午 5 点了，他坐下后问："你们知道我去哪里了吗？"

同学们说不知道，马云说："我去了趟广州又回来了！我去办出国签证。"

大家惊讶不已："真的啊？！去了广州又回来了？我们连萧山都没敢猜。"

到了 1998 年，马云大部分时间都待在北京，难得回杭州一趟，但每次回来都会约大家聚会。记得有一回在外面吃完晚饭，我开车送马云一家回家，当时马云的儿子已经 7 岁了，长得胖胖的。路上马云的爱人张英一直在跟儿子说："坚持一下噢，别睡着，坚持！"我觉得很奇怪，说："小孩要睡就让他睡吧！"张英说："你不知道，孩子已经很重了，他要是睡着，我们两个只能把他抬上 6 楼。"

2000 年我搬了家，乔迁那天同学们都来我家打牌。马云路过我家时，顺道来看看同学们。他来时已过了吃饭时间，可他还空着肚子，只好在我家吃了一碗泡饭。马云很忙，待了不到半小时就要走，临走时他跟一位同学为一件小事打了个赌，结果输了200元。马云说："陈伟，我本来想省点钱到你家吃碗泡饭，没想到你家的泡饭比香格里拉的泡饭还要贵。"同学们听了都笑。

一次马云在香港开会，记者问："现在你们公司资金这么少，如果竞争对手起来，怎么才能保证公司活下去，你对'一山难容二虎'怎么看？"

马云："主要看性别。"

记者茫然。

马云接着说："我从来不认为'一山难容二虎'正确。如果一座山上有一只公老虎和一只母老虎，那样才是和谐的。"

记者又对马云讲的电子商务的作用表示质疑，马云回答："刚出生的孩子你能告诉我他有什么用吗？电子商务也一样，目前还是个雌（雏）形（马云说了个杭州音）。"

记者问："雌形是什么意思？"

马云惊奇地问："雌（雏）形你不知道吗？就是小鸡，就是baby。"

记者明白了，马云说的是雏形。

回来后有一段时间马云每次必讲"雌形"，说："这次丢脸丢大了，那么多人……我一直以为读'雌'。"

马云喜欢下围棋，但水平一般。创业期间马云常去日本出差，在东京机场返程候机时常会跟同去的同事下下围棋。围棋在日本很普及，到处"藏龙卧虎"，跟中国的乒乓球一样，所以在他们下棋时常有候机的日本人过来看。马云说："一个老头过来看了一会儿，摇摇头走开了；过一会儿一个小孩过来看了一眼，也摇摇头走开了。我觉得不能再这样丢中国人的脸。怎么办？围棋水平一下子提高是不可能的，于是我们改下五子棋！五子棋我可是打遍天下无敌手，要看就让他们看吧！"

有一次我去非洲肯尼亚，发现自己还能用英语跟当地人沟通，于是就发信息给马云：“马老师，你教我的几句破英语居然在非洲还能派上用场。”

马云回信息：“没良心的东西！”

有一年我在横店拍电视剧，跟几个演员吃饭。我打电话给马云，他说他正在参加杭州休博园的国际休博会。结果，他发言时先念了我发给他的一条短信：富豪榜出来了，现在国内首富是个女的，270 亿元。你一时半会儿也赶不上了，不如休休闲、喝喝茶、打打牌吧。

果然第二天杭州各大报纸都登了，标题是：马云参加休博会，发言前先念了一条短信。

收购“雅虎中国”后，有一天去马云家玩，我开玩笑地说：“马老师，你现在已经很富有了，分一点儿财产给学生我吧。卡耐基说过，在巨富中死去将是一种耻辱。”

马云：“那反过来呢？”

“什么反过来？”我问。

“在贫穷中死去将是无上光荣吗？”

马云总是技高一筹。

第二章

马云触网

1995 年马云开始了他第一次创业。他的创业故事很多人耳熟能详，而我，却总记得在创业的过程中，马云和他爱人张英为“中国黄页”做出过像“抵房子”这样破釜沉舟的决定。类似的决定，我相信一定有好多次，有些会更惨烈，有些我听说过一点点，有些我根本不知道，有些过后还可以拿出来分享，有些怕是当事人永远都不想被人再提起。

尼采说过一句话：“思想者最不幸的不是被误解，而是被理解，因为被理解意味着有人知道你是那样地痛苦。”我认为创业者也一样，完全被理解也是不幸的，因为曾经有过那样不堪的痛。

去美国是被骗去的

1995 年，有一段时间我和马云一直没有联系。有一天突然接到他的电话，让我去他家聚聚，说他刚从美国回来，有重要事情要宣布。

那天马云家来了很多人，有一些是同学，还有一些我不认识。马云披着一条毯子，人缩在沙发上，显得有些紧张。人到齐后，马云开始讲他前一阵子的奇遇。

一家国外公司来到浙江，号称要投资建造高速公路，邀请马云做翻译。后来又带他去了美国，吃好的，住好的。我还记得当时马云说在拉斯维加斯住的顶楼的房间，一按旋钮，屋顶立即打开，就剩一层玻璃，躺在床上可以看见满天繁星。

马云后来发现那帮人和别人谈判时说的事情根本与事实不符，他们还要求马云为一些子虚乌有的东西“作证”。马云觉得他们可能是一个国际诈骗组织，就拒绝跟他们合作。

这时对方开始威胁马云，说不合作他就休想回去，并把他的东西全都扣下……

之后马云经历了一系列惊心动魄的事件，终于逃出魔掌……

“这帮人太坏了！”马云披着毯子缩在沙发里，很多次重复着这句话。可以感觉到，一些不堪回首的细节，恐怕马云永远不想再提起。

但我个人以为，人的很多潜能恰是被一些极端事件“激发”的。被枪指着脑袋的瞬间，有的人崩溃了，而有的人可能立马变得强大，谁知道呢！

马云从那帮人的黑窝里逃出来后，没有立刻返回中国。他想起了杭州电子工业学院的外教同事之前说起过的因特网，而且那位同事的女婿就在西雅图当时仅有的网络公司工作。

于是马云飞往西雅图，找到了那家公司。公司里的人跟他说，要查什么就在电脑上面敲什么。他就在上面敲了“beer”，结果搜索出来德国啤酒、美国啤酒和日本啤酒，但就是没有中国啤酒。接着他又敲了个“China”，搜索结果却只有数十个单词的中国历史介绍。

之后的一段日子，我几乎每天去马云家听他讲解和演示因特网。我基本上没听明白，只是凑个热闹，顺便见见同学们，当然更是为了给马云一个面子。马云每天都张牙舞爪地讲得很兴奋，讲完了互联网之后，又讲他的创业计划，然后还问我们有什么想法。

我们都说没有想法。

有人向马云提了几个问题，都是关于创业步骤的。马云答不上来，说他还没有想好。于是大家一起摇头叹息，纷纷向他泼起了冷水：“马老师，你开酒吧、开饭店、办个夜校，或者继续当老师，怎么都行，就是干这个不行。这到底是什么？中国人没一个知道的——不是说它不好、没前途，而是因为这玩意儿太先进……中国人不会买账的。”

大家的反对并没有让马云灰心。以前只是听说，现在亲自接触到了因特网，这让当时的马云无比兴奋。他决定在中国开办一家公司，专门做因特网。马云去美国花了一点点钱注册了“China page”，电脑显示：“You are lucky……”（你很幸运！这个名字没有被注册。）

马云说就在同一天，一个台湾的年轻人注册了“Taiwan page”。海峡两岸同一天进入了因特网时代！

这次的创业，和创立海博翻译社不同，马云放弃了当时被大家看成是金饭碗的大学教师工作，辞职下海了。我记得他告诉我说，在他打算辞职的时候，本来还挺犹豫的。后来有一天快下班的时候，在校园里遇到了系主任。系主任骑着一辆自行车，车把上挂着两把刚从菜市场买回来的菜。他叫住马云，语重心长地劝他好好干英语教师这份很有前途的工作。“我看着他的样子，突然明白，如果继续在学校待下去，他的现在就是我将来的‘前途’了！”于是，马云迅速地辞职了。

1995 年 4 月，马云在杭州文二路的金地大厦租了几间房，办起了“中国黄页”。听说他当时拿出了六七千元钱，还找丈母娘借了一些钱，凑了两万元启动资金。自此，马云正式注册了自己的公司——杭州海博电脑服务有限公司。这是中国第一家互联网商业公司，员工只有三个人：马云、马云的爱人张英和何一兵。何一兵是马云在学校时的同事，被马云一通电话忽悠，也来干这个叫 Internet 的事业了。

我虽然听不太懂马云讲的互联网，不过但凡他召唤我去帮忙的时候，我还是每次都会去的。有一天公司招聘，让我去帮忙壮声势。我去了后发现一个不小的房间里空荡荡地就放了一张课桌和一张课椅，有点小孩子过家家的感觉。马云的第一任秘书李芸，就是那天招进去的。

马云一开始做“中国黄页”时没有客户，于是就先从身边人下手。当时我在出口电视机的公司里上班，另一个女同学在望湖宾馆做大堂经理，马云就把我公司 14 英寸出口彩电的资料和望湖宾馆的图片发上了因特网。这很可能是中国最早上网的产品和宾馆。

之后不久，北京召开了世界妇女大会，会后一些代表来杭州游玩，入住望湖宾馆。望湖宾馆并不是杭州一流的宾馆，当被问及为什么会选择入住望湖宾馆时，她们回答说，因为这是因特网上所能搜到的中国唯一的一家宾馆。

在望湖宾馆做大堂经理的这位同学叫周岚，之后成了马云的第二任秘书，后来成了阿里巴巴事务部的总监。当年她是我们班最清纯的美女之一，有照片为证。

关于“漂亮”在人生中能起多大作用，马云曾经跟大家也探讨过。马云说：“漂亮当然有用，不漂亮的人经过努力只能做老板，漂亮的人经过努力可以给老板做秘书，哈哈！”

周岚，马云的第二任秘书

即便如此，“中国黄页”上线后，还是没有多少客户找上门来。马云不得不承担起宣传“中国黄页”的重任。由于没钱做广告，马云就挨家挨户地演示、游说。回忆起那段经历，马云至今还是很感慨：“我那时名义上是总经理，其实就是个推销员——跟当时上街推销保险、保健品的那些‘令人讨厌的业务员’没什么两样。只不过人家是以签保单、推销产品为使命，而我纯粹就是个志愿者。”我有一次还听到同学说，在路边的大排档还曾见到过马云跟人坐在路边神侃。我相信那段时间，马云的创业经历是各种滋味在心头。

马云的贤内助

苏格拉底说过：“美好的婚姻能带给你幸福，而不幸的婚姻却能让你成为哲学家。”我觉得那只是他对自己娶了悍妇的自我安慰。人活在世上到底能得到多少？“万顷良田”其中“一斗米”,“千座大厦”之间“半张床”。所以,“另半张床”在生命中是至关重要的。马云曾多次在演讲时说过:“回到家最重要的是要有一张好床，床上要有一个好人！”

马云的爱人张英是他的大学同学，后来又在杭州电子工业学院同一个教研室工作。

教英语班的时候，若马云有事实在来不了，张英就会来代课。虽然次数不多，但从英语教学的角度来看，说实话张英比马云课要上得更好一些。马云教学时传授思想方面的内容多一些，有时候容易天马行空。而张英每堂课都会归纳一类英语问题，认真地讲词汇说语法，比马云上课更专注，几乎不讲英语之外的东西。

马云很喜欢热闹，经常邀请同学们去他家玩，而且每次都是很多人。张英对大家总是笑脸相迎，准备茶水，有时还准备饭菜，大家走后一片狼藉等她收拾。他们家当时在杭州的最西边，再西就是农田，在他家里，晚上可“听取蛙声一片”，不远处中华田园犬的吵闹声也时隐时现。张英又要上课又要帮马云创业，儿子只能请保姆带。为省钱，她请了个农村保姆，结果很快儿子的口音就随保姆去了，把“电池”叫成“电油”，而且发音离普通话八竿子远。张英赶紧想办法换保姆。

马云在创办“中国黄页”时，曾准备把自己的房子做抵押。有一回在同学聚会时，马云又提起这事，张英知道马云决定了的事是不会改变的，就在边上很无助地说：“一定要抵房子吗？房子抵了以后我们住哪里呢？”

“中国黄页”成立后，马云频繁出差美国，一开始蛮兴奋的，后来觉得累了，就让张英代他去。有一天，马云打电话给我：“陈伟，马上组织同学们活动，从今天起每晚都要活动。”

我问：“现在这么空吗，马老师？”

马云说：“张英去美国了，要15天！我现在的感觉就像是一个叫花子突然捡到了200万元，我都不知道该怎么花了！”

张英在创业初期不仅仅是贤内助，更是“业务骨干”。记得“中国黄页”第一笔8000元人民币的“大订单”就是张英谈下来的。

1998年马云去北京工作，张英也跟着去北京。为出行方便，那年张英学会了开车。车技还不娴熟的张英有一回倒车，撞上了停在那里的一辆奔驰车。这可把张英给吓坏了，把奔驰车撞坏那还不得倾家荡产？！下车一看，张英开的捷达车尾部还架在了奔驰车上。当时同车上还坐着两个人，他们赶紧把捷达车的尾部抬下，结果发现人家奔驰车竟然一点事也没有，连油漆都没有擦掉一点！张英绷紧的神经这下舒展了，比撞车之前还舒展，赶紧上车走人！

创业成功之后也并非没有无奈。2008年张英来公司找一个副总裁，那是张英一手培养起来的副总裁。她到了公司前厅却被前台美眉拦住了：

“这位小姐，请问您找哪位？”

“我……”张英看着跟自己儿子年龄差不多大的前台美眉，不知道该说什么。

之后张英几乎没有再去过公司，她很感慨地说：“自己千辛万苦创建的公司，我现在已经走不进去了，即使进去我也不知道该做些什么。”

这些年来整个公司发生了翻天覆地的变化，可张英对马云健康等方面的“管理”却从来没有松懈过。

张英知道马云是“人来疯”，跟人谈事时从来不知道累，而且兴奋异常，到人走了才知道累。所以只要开会开得晚，张英就会定时来电催，以保证马云尽早结束。

马云的中饭基本是家里送来的，过了中饭时间张英也会催。中饭时间去马云办公室，你会经常听到马云这样打电话：“……肉已吃了两块，蒸蛋吃了一半，青菜吃了很多……水果正在吃呢！”

为了让马云和家人吃好饭，张英把两个在家帮忙的娘家亲戚派出去学厨艺，他们现在的水平都可以在家接待“元首”了。金庸、吴小莉等名人来，马云经常安排家宴，而且他们对“厨师”的厨艺也是赞不绝口。

马云穿的衣服都是张英买的，张英买什么马云就穿什么。有几回去香港，马云也“亲自参与”了买衣服，但基本是身体参与，思想不参与。

公司做大后，马云的一言一行都会被无限放大，不论是阿里巴巴还是华谊，马云每减持一次股票，就“被离婚”一次。而在我看来，要他们离婚一定会比再建一个阿里巴巴更难。

不着调的梦想

记得英语班课堂上有一回的命题是“I have a dream（我有一个梦

想）”。同学们的梦想五花八门，有想当科学家的，有想遨游太空的，有想子孙满堂的……而最多的是想赚够了钱周游世界，想去哪里就去哪里。

我忘了当时马云的点评，但马云自己是一个特别有梦想的人，尽管梦的内容经常在变，但梦始终没有停顿过。

有一个周末，大伙儿一起去杭州的天竺山登山。马云说：“金庸的每部武侠书我都不止看过一遍，我的梦想就是成为武林高手。”马云一边说一边在一棵大树下捡起一根稻草，“比方说，我一发功，这根稻草会变得刚劲无比，一甩手它就能穿透这棵树。等我一收功，它又松软如初，两头从树干上耷拉下来。所有经过的人都看不明白这根稻草是怎么穿过树干的。哎，我若有旷世武功就好了，就像风清扬那样。”

马云的武侠梦想一直没有磨灭过。在创办了阿里巴巴后，有一回马云还说：“我哪天突然消失，谁也找不到我，大家急得团团转。一周后我才告诉秘书，别人再问起，你就回答：‘马云去拍电影演风清扬了。’别人若问：‘那啥时候能回来？’你就说：‘我也不知道，您关注一下相关的新闻吧，电影啥时候杀青，马云啥时候才能回来。’我觉得这样蛮好玩的！”

还有一回和英语班的同学们喝茶，马云又说了这样的梦想：他在现代化的杭州城里招摇过市，其他人都是西装革履，而他一身白色绸衣，一副墨镜，头发锃亮，苍蝇停上会摔断腿那种。着装与周围格格不入，边上还站着两个高过他一头的女保镖，他左手一伸，一保镖立刻递上一个大饼，他咬上两口扔回去；右手一伸，另一保镖马上递雪茄给他点上，他弹烟灰时保镖用手接着。抽上几口，他在女保镖手上摁灭雪茄，一阵青烟冒起，女保镖面不改色，毫无表情。事后女保镖拍拍手，没有留下任何伤痕。周围的人瞪目结舌，各种表情都有……

后来在创业过程中马云经历了很多，所以这个阶段他的梦想已大大改变了。

梦想一：带着团队所有人去巴黎过年。在大家已经惊喜万分时，宣布年夜饭后还发年终奖：每人两把钥匙。在大家莫名其妙时，他再说："我给大家每人在巴黎买了一幢别墅，还有一辆法拉利跑车。"当场有人因心跳过速，被送进医院……

梦想二：马云走进一家欧洲豪华酒店，工作人员见是亚洲人，爱理不理。马云找到酒店老板说："这个酒店你出个价，我买了！"老板说："这个酒店不卖，除非 3 亿美元。"马云拿出支票来，一边写一边说："我还以为要 5 亿美元。"迅速办完手续，他拿着总裁办公室的钥匙交给门口一个弹吉他的流浪汉说："从现在开始，这个酒店是你的了……"

马云不仅自己"做梦"，在创业最艰难的时候，还组织大家一起"做梦"。有一年年底，没有年终奖还要加班。一天，马云把大家组织起来开会，说："假如你们每人有 500 万元年终奖，你们想怎么花？"大家七嘴八舌就说开了，兴奋地畅想了近一个小时，马云突然打断："好！大家说的这些都会实现，接下来干活吧。"

马云和爱犬在一起

有人说：“马总，再让我们多说一会儿吧，我才用了 300 万元呢！”大家哄笑着散开，继续工作。

“穷开心”是创业初期最准确的诠释。虽然当时我没有加入公司，但我经常去看望他们，因为他们就在我家隔壁。马云总会想出各种方法让大家高兴，对工作表现好的伙伴，没有条件进行物质奖励，马云就给他们“加寿”。每次总结会时他都会给这位伙伴“加 200 岁”，给那位伙伴“加 300 岁”。大家都很珍惜自己的“寿数”，有位姓钱的伙伴“加寿”最多，共加了 9000 岁。他现在已经移民加拿大了，2010 年回来住马云家，还跟马云学太极。他说他最开心的事就是他曾经是“九千岁”。

2011 年元旦，“九千岁”钱同学又来杭州了。马云家客厅里有两个很漂亮的铜马，每个有手掌那么大，这是钱同学当年从成都开车去九寨沟的路上买的。先是马云看上了，但看到标价每个 4000 元，他决定放弃，之后钱同学买下它们，送给了马云。

说到这事，马云笑得停不下来：“人家要 4000 元一个，陈伟，你知道他还人家多少吗？ 200！两个！”马云睁大眼睛，伸出右手做了两次“V”状：“还说再送点其他小礼品。”马云边说边做了几下老中医抓药的动作。

马云接着说：“他还价我听都不敢听，难为情死了。说不定人家还一棒子打过来！”

钱同学却在一旁憨憨地笑着：“这，这，这些小生意我之前也干过，您就按铜的分量跟他还，不行咱再给他加点儿。”一口好听的京腔，“如果您还他 2000，啪！人家给了，这您后悔都来不及啊！您说是这理儿吗？”

第三章

马云和张纪中

因为马云，我认识了樊馨蔓，然后又认识了樊馨蔓的先生张纪中。后来我还经常去他的剧组探个班，剧组在浙江拍戏的时候，有需要我还会给他帮个忙。后来帮着帮着，我儿子就去电视剧《激情燃烧的岁月》里演戏去了，而我后来也成了张 Sir 的助理。吸引我进去的其中一个很重要的原因，就是张纪中剧组的饭据说是全国最好吃的。

这段混在娱乐圈的日子，让我时常感悟，其实整个世界就是由无数个极小概率的事件堆积而成的。比如李亚鹏成了《笑傲江湖》的主演，比如已经办了 15 年的“西湖论剑”，比如《神雕侠侣》和淘宝网的合作……这些后来在报纸上出现的新闻，它的源头都是某一时刻的灵光一闪。

初见张纪中

自从 1995 年樊馨蔓给我们英语班拍了电视节目后，每次回杭州时都会联系我们。从那个时候开始，她就一直关注着马云，也一直跟我有联系。1999 年樊导给我的新年贺卡是这样写的：“陈伟：你的朋友马云又要回到你们身边战斗去了，你们的朋友小樊我依然还要在长江的这一边奋斗，尽管目标也是为了全人类……你依旧快乐健康是大家的安慰，最起码这个世界还没有全军覆没……”那一年，马云带着他从杭州拉去北京的团队又杀回了杭州。那一年，阿里巴巴诞生了。

有一个星期天，马云打电话给我：“陈伟，一起吃中饭吧，樊馨蔓带她老公来了。”

我按时赶到武林门一家饭店的二楼，他们都到了，好像还有两个英语班的同学在场，我不记得是谁了。坐在樊导边上的是一个满脸络腮胡的男人，樊导介绍：“我先生张纪中……这是陈伟。”

马云在旁边介绍说：“张纪中是中央电视台著名制片人，《三国演义》是他的作品，现在刚拍完《水浒传》。”

我问：“制片人是什么？”

马云说：“打个比方，如果说导演是总工程师的话，制片人就是总经理，管钱，管人，也管导演。”

当时张纪中的头发和胡子还是全黑的，也不算很胖。他说特别爱吃杭州家常菜，素鸡、酱鸭、咸肉烧春笋……样样都喜欢。菜上了，他吃了一口，突然瞪大眼睛，指了指菜说：“这家伙……好吃得厉害！”

“你又来了，一惊一乍的，别人还以为你咬到舌头了。”樊导说。

我们问他：“之前来过杭州吗？”

他说：“1966年‘文化大革命’大串联我就来过杭州了，15岁，樊馨蔓那年刚出生，没见着。”大家笑。

马云说：“在台里大家叫你张主任（制片主任），在剧组人家叫你张导，我们怎么办，要不就叫你张Sir吧。”（当时内地播了很多香港警匪片，“Yes，Sir”很流行）就这样，“张Sir”一叫就叫了10多年。

之后，张Sir也常来杭州。他说：“杭州真是个好地方，一个消磨斗志的好去处。”而且几乎每次吃饭都能听到“这家伙好吃得厉害”。

张Sir是1951年出生的，因为家里阶级成分比较高（爷爷是北京一位有名的资本家），出身不好，小时候吃了不少苦。十七八岁的时候，他就被下放到山西原平解村公社的农村去接受贫下中农的“再教育”了。

张Sir很乐观，有空经常会跟我们讲起从前，以幽默的方式述说当时艰难的日子。

“……在山西插队时，我出身不好回不了城。好不容易有个工作，在电影院收门票。有一天，领导的老婆没票我不让进，第二天我就被开了……真要谢谢她，要不我现在还在那儿收门票……

“当年插队时村里剃头是 5 分钱，有人抱了孩子过来，问孩子能不能 3 分钱。剃头师傅头也不回，说：‘酸枣核也是 5 分。’意思是再小的头也是一样。

“村里有个男人，干活时每天唱着黄色小调。有一天他告诉我们他有相好的女人了，是隔壁村的，说长得跟天仙一样。我很好奇，还真去隔壁村，偷偷看了他说的那位，我的天哪，奇丑无比！”

张 Sir 还告诉我哀乐诞生的其中一个版本。

当年山西方圆几十里就只有一个吹拉班子，家家办喜事都得叫他们，他们吹吹打打将新娘送到新郎家。演奏的乐曲很欢快：“来刀来米来西拉哨拉刀哨米来……”

可有那么一回，半路上新娘由于兴奋过度，心脏病突发，死了！

新郎很悲痛，一边走一边对乐班说，后半段能换首悲伤一点的曲子吗？

乐班说他们就会这一曲，要不演奏慢一点吧，于是就有了哀乐：“来——刀——来——米——来——西——拉——哨——拉——刀——哨——米——来……”

其实每一首乐曲，放慢到一定程度都可以是哀乐！

张 Sir 每次讲完从前的故事后都会说：“现在我很希望在哪个农村的角落里有一帮穷亲戚，那我就可以跟石光荣一样，拉一车肉、一车面，带上咱剧组的炊事班，请他们吃上三天三夜……”

1999 年年初，张 Sir 来杭州住在西湖国宾馆，我和马云去看他。当时张 Sir 正在筹备电视剧《孙中山》，遭遇了重重困难。谈到电视剧，马云问："你有没有想过去拍金庸武侠剧？"

"我当然想啊，可人家香港都拍过了呀。"

"那都过去15年了，现在重拍，如果拍得好一定会掀起又一次高潮。"

我还记得当时讨论的结果是，如果真拍金庸剧，决定第一部就拍《笑傲江湖》，两人的意见竟然高度一致。

没想到后来张纪中还真的拍了金庸剧，而且第一部拍的果真是《笑傲江湖》。更没想到的是，从《笑傲江湖》开始，张纪中的武侠剧成了一个品牌，大大小小的明星都以能上张Sir的武侠剧为荣。

《笑傲江湖》之缘起

1999年秋天，正当马云为成立阿里巴巴忙得不亦乐乎的时候，金庸把《笑傲江湖》的版权以一元钱的价格卖给了中央电视台，签约仪式在杭州举行。

因为马云没时间，活动由我来安排。

签约仪式，我安排在三台山一家较安静的宾馆举行。中央电视台副台长、电视剧制作中心的领导、张Sir、导演和一帮编剧都从北京赶过来了。金庸那时是浙江大学人文学院的名誉院长，住在黄龙边的浙江世界贸易中心大饭店，出入有一辆红旗车和一辆奥迪车。为保证金庸能坐我们的车，我向当时杭州最好的酒店——喜乐酒店的老板娘借了一辆加长的凯迪拉克，车内有电冰箱、小桌，座位是面对面的那种。车开到世贸中心大饭店大门口，挡在红旗车前面。

后来，金庸先生就坐我们的车去现场了。签约仪式进行得非常顺利，后来金庸还给我题了字。

事实上，张Sir之前从未见过金庸，但他一直非常尊敬金庸先生。

1999 年签约仪式上，金庸为作者题字

因此，在怎样将一元钱的版权费交给金庸先生这个环节上，他绞尽了脑汁，当然最后的效果也出奇地好。直到现在他还不忘自我夸奖："版权的一元钱我是怎么交给金庸的？我特地去中国人民银行选了一张崭新的、号码吉利的一元纸币，把它镶在水晶奖杯中，再刻上'中央电视台'几个字送给金大侠的。"

在一阵阵热烈的掌声后，签约仪式顺利结束了。大家请金大侠提要求，算是给改编剧本提出个总纲领或基本原则吧，而金大侠的要求则很明确——尊重原著。

"尊重原著"，很简单的四个字，做起来可不容易。当时，金庸先生就提出了他对港台金庸武侠剧的两大意见：第一是搭景太多，真景太少，让他觉得假；第二是改动太多，不够尊重原著。用他老人家的话说："这么会改，你为什么自己不去写，还来问我买？"

马云最喜欢的武侠人物风清扬，就出自《笑傲江湖》。本来他一直说，在张 Sir 的这部戏里，他一定要客串出演风清扬这个角色。不过临到最后，却还是因为他没有科班功底而放弃了。不过，马云仍然喜欢以风清扬自居，他的淘宝 ID 就是“风清扬”。不过，金庸先生送给马云的别号却是另外三个字——马天行，取意为“天马行空，从不踏空”。对此，马云也很高兴地“笑纳”了。

2001 年年初，《笑傲江湖》首轮播出，就为央视赚了 7500 万元，之后更抢滩香港，在台湾也掀起层层热浪。连剧中很多场景原址都因此而变得有名气，《笑傲江湖》原著也更受人欢迎了。

在《笑傲江湖》开拍前，我和张 Sir 一起去浙江绍兴的新昌县，找新昌县旅游局领导商讨在这里拍几场戏的事。当时，接待我们的是局长秘书，表现得并不热情。见到我们时，他只说：“局长在午休，请你们在这儿等一个小时。”之后他就去做自己的事情，不再管我们。等了一个小时，局长终于出现了，好在我们拍戏事宜的商讨过程还算顺利。

《笑傲江湖》播出之后，人们都从电视剧中发现了新昌这个地方，知道了新昌是个旅游的好去处。于是，新昌县的旅游收入翻了几十倍。之后再去新昌，张 Sir 基本可以呼风唤雨了。

从《笑傲江湖》开始，张 Sir 就和金庸先生结下了不解之缘。他们之间的合作越来越多，又陆续签订了好几部作品的版权转让合同。当然，后来的作品不可能每次都以一元钱的“白送”价格获得。到了《射雕英雄传》时，金庸先生就开始按市场价收费了。但即便如此，他卖给张 Sir 的作品价格也只有几十万元一部，比卖给其他制作人要便宜很多。

“西湖论剑”

2000 年 7 月，马云在香港开完会后，在庸记酒家和金庸先生会了面。金庸在纸上用钢笔写了“多年神交，一见如故”几个字送给马云。

没见到金庸先生之前，马云对金庸先生的崇拜就已经到了人尽皆知的地步。引用韦小宝常说的一句话就是“犹如滔滔江水，连绵不绝；又如黄河泛滥，一发不可收拾”。这从他为每个阿里巴巴办公室起的名字便可以看出来。在外人看来，到了阿里巴巴，就像是到了武林圣地。什么“光明顶”、“达摩院”、“桃花岛”、“罗汉堂”、“聚贤庄”等，全是出自金庸先生的小说，甚至连洗手间也被改名为“听雨轩”和“望瀑亭”。

在马云的办公室里，陈列着不少刀剑，其中就包括张Sir赠送的两把道具剑——龙泉剑。信不信由你，这些刀剑他会随身携带，去哪儿办公就搬到哪儿。以前放在阿里巴巴的办公室，后来摆在淘宝的办公室。有时，他甚至还会拿着明晃晃的刀剑在公司里晃荡。对此，我还常调侃马云是走江湖的——“吃饭家伙不离身”。

马云从香港回来后的一个周末，我和朋友们在龙井的翁家山一户农家喝茶，闲聊时说到马云。当时马云在杭州已小有名气，我就打电话给马云：“马老师！我们在龙井喝茶，你有时间来一起吃饭吗？这里有6个美女……”

马云那天刚好没安排活动，就来了。他到了就跟我们吹牛，讲了很

金庸为马云题字

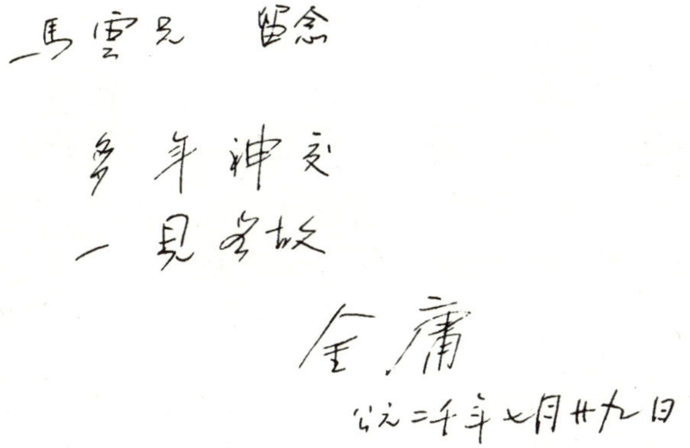
馬雲兄 留念
多年神交
一見如故
金庸
公元二千年七月廿九日

金庸的字

多香港的见闻，当然也包括见金大侠的情况。那天我们聊到很晚，聊得很开心。当马云谈到要在杭州搞因特网的高峰论坛时，美女们也兴奋地出谋划策，东拉西扯。也许办“西湖论剑”及请金庸来做评委马云来前已有打算，但我一直固执地认为，这些想法都是那天想出来的。

之后马云还给我布置任务，挑选“西湖论剑”的会议场地，联系游船画舫等；还封我为阿里巴巴编外员工，“每周工作 8 天，每月 32 日领薪水”。

2000 年 9 月 10 日，“西湖论剑”在西湖召开，吸引了全国数以千计的网民和上百家媒体。这次论坛的主题是“新千年 新经济 新网侠”，除了当时风头正劲的 5 个互联网英雄王志东、丁磊、张朝阳、王峻涛和马云参加之外，最吸引人的当然就是嘉宾金庸金大侠了。这是一个跟武侠没多大关系的互联网经济论坛，不过在马云的穿针引线下，这次论坛变得侠味十足，而且更让人惊讶的是，金大侠虽然说自己对互联网一窍不通，可是来参加论坛的这 5 个企业家，却个个都是金庸迷。记得王峻涛后来说自己就是为了近距离看一眼偶像金庸才来参加论坛的，据说王志东的双胞胎女儿的名字，也是金庸取的……

2000 年 9 月，金庸为马云赠字

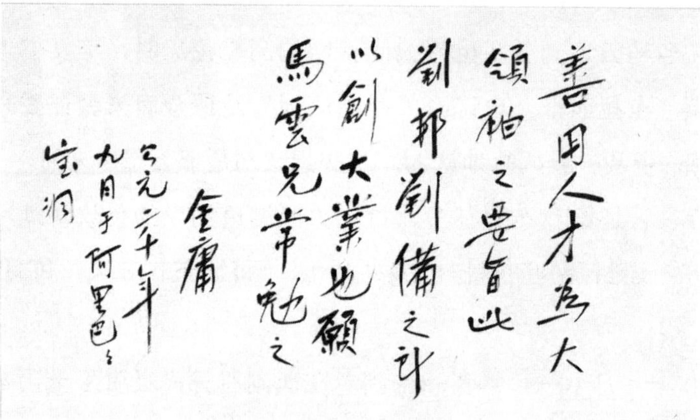

金庸的题字

“西湖论剑”期间，金庸来阿里巴巴公司参观，又用毛笔写下一幅字：“善用人才，为大领袖之要旨，此刘邦刘备之所以创大业也，愿马云兄常勉之。”金庸先生的字，挥洒自如，妙笔丹青，很有大家风范。

金庸赠马云的大小两幅字现在都还放在马云西湖国际的办公室里。

“西湖论剑”办得很成功，也就成为一个传统项目，每年秋天互联网的精英们都会在西湖论上一次剑。世事变迁，每年来参加的嘉宾名字也都在不停地变换，不过他们都是这个行业里的侠客。

2001 年《射雕英雄传》开拍，张 Sir 和李亚鹏路过杭州，我请他们在龙井茶都吃饭。

在马云和张 Sir 的熏陶下，我也“武侠”起来，给饭店老板上了一堂“课”：把菜单改成“葵花宝典”。我还特地教厨师做了两个菜——“独孤（菇）九剑”（炒蘑菇，边上 9 个笋尖）和“降龙十八掌”（蒸黄鳝边上一圈鸭掌）。

2001 年，在龙井茶都拍摄的“降龙十八掌”

那天马云也来了，他看了菜后说：“‘降龙十八掌’怎么只有 8 个掌，我这个‘掌’算 10 个。”照片中颜色浅一点的“掌”就是马云的“左掌”。

金庸和张 Sir 一样，都特别喜欢杭州，也喜欢去农家吃饭。

2001 年的秋天，桂花开满杭城，而农家更盛。那天阳光很好，我陪金庸夫妇和张 Sir 来到梅家坞。我打电话给马云，很快马云就带着阿里巴巴的第一任 COO 关明生过来了。关明生也是个武侠迷，他很恭敬地跟

2001 年 9 月，金庸、马云和张纪中在杭州梅家坞合影

金庸说："我在香港的公司里之所以受欢迎，是因为我把您写的报纸连载每一篇都反复看，还小心翼翼地剪下来订成本，有空就跟同事讲武侠。"金庸听了也开心地笑。

马云留下来跟我们吃饭，我们依旧是边吃饭边斗嘴，金庸和张 Sir 都很乐意当听众。有时我会说得过头一点，通常这时马云就会拿出撒手锏："一日为师，终身怎么样啊？"

樊馨蔓也喜欢当时我在杭州这种没有追求的生活方式。那年她又出了本书《暴走的日子》，书中有写到我和我儿子。她还特意送了我一本，写上："陈伟，我与你的差别是：你，生活；我，写生活。我比较值得同情。"

一字千金

2005 年阿里巴巴收购了"雅虎中国"。为了给"雅虎搜索"做推广，张 Sir 给了个建议："宝马的全球广告，就是选不同的公司，完成不同的策划后用同一演员去演绎，广告同时播出，这种模式可以借鉴。”

2006年年初，马云联手华谊兄弟传媒集团，出资3000万元人民币，邀请了国内三大名导陈凯歌、冯小刚以及张Sir，围绕“雅虎搜索”分别创作一则视频广告短片。于是，剧组开始了对雅虎广告的激情创意。作为“张版”的“主创”之一，我当时正跟张Sir在象山拍《碧血剑》，所以每次吃饭大家都会编故事，唾沫横飞，很有趣。

最终拍摄的《前世今生篇》的故事虽然我有参与策划，但我个人认为，中途被毙的有些故事更好一些，其中有我写的《三世情》，梗概如下：第一世，古代，一对情侣因战乱走散，男人后来成了将军，派人到处在城墙上贴女人的画像，一直到白发苍苍……第二世，民国，在远渡重洋的船上，男人在送客的人群中看见了女人，四目对视时船已离岸，之后男人在各种报纸上登“寻人启事”，寻找那位表述不清的上一世的爱人……第三世，现代都市，地铁里男女相背而立，到站后，女人下车，回头看见男人的瞬间，地铁已重新启动……女人失魂落魄地回到家，门铃响了。女人打开门，男人微笑着手捧鲜花出现。这时候画外音响起：今生不会再错过——雅虎搜索！

为策划的事我还特地去找马云寻求帮助。马云教育我：“每个人都会认为自己的策划是最好的，这时候我发表意见不合适，既然让张Sir拍了，就由他定吧。”

最后，我的这个创意被张Sir毙掉了，他选的是后来大家看到的那个《前世今生篇》的版本，广告的具体内容是：一位考古工作者经常梦见一位古代美女被人推下悬崖，一天他获悉某地发现了一具唐朝古尸，便立即去考查，最后通过一块玉佩得知这具古尸正是常在他梦中出现的唐朝美女。前世，考古工作者与此美女相恋，唐朝美女的姐姐因妒忌而将妹妹推下了悬崖；而今生，姐姐依然是这位考古工作者的妻子。考古工作者设法回到古代，阻止了谋杀，因此改变了因果。等他回到现代，妻子一转过身来已变成了妹妹。

在马云与三大名导签约之后，雅虎和华谊兄弟传媒集团便联手推出了“雅虎搜星”全国选秀活动，目的就是为三位名导的广告片寻找女主角。历经数月，艾里江、赵丽颖、何琢言三个幸运儿从选秀活动中脱颖而出，作为新人分别参演陈凯歌、冯小刚和张 Sir 拍摄的“雅虎搜索”广告片。其中，何琢言饰演我们《前世今生篇》中的唐朝美女。

在这场选秀活动中还有个小插曲。当时“雅虎搜星”的决赛在杭州举行，何琢言在形象和气质上都不算是最好，另外一个女孩儿本来更有明星气质，甚至导演已经跟她讨论过如何表演。可就在决赛前，我和张 Sir 吃饭时，一个负责选秀活动的工作人员说，那个女孩其实挺傲气的，并举了几个事例。于是，张 Sir 听后马上决定换成何琢言。而在此之前，《前世今生篇》里唐朝美女的姐姐的扮演者已经选定，就是国内著名演员罗海琼。

《前世今生篇》中，有这样一个情景：考古工作者（由黄晓明饰演）获悉一具唐朝古尸在某地被发现，于是立即驱车前往。广告片中黄晓明开的悍马车是我找一个朋友借来的，在大水坑的路上急速转弯是我开的。拍了十几条，很危险，现在想起来都后怕。

片子的广告词我们也想了很久。我曾经想出的一句广告词是：“搜”主义，让你见“效”了！大家都觉得这句广告词写得很好，张 Sir 也很满意。然而很快，意外发生了，我们发现北京很多条街道的灯箱广告上就有半句“让您见‘效’了！”原来别人已用过这句广告词了。不得已，我们只得重新思考广告词。

最终，张 Sir 还是选用了我写的广告词：“得我所愿，弹指一挥间——雅虎搜索！”自那以后，我在剧组就被认为是“有文化的人”了。为此，张 Sir 还付了我好几万元的报酬，让我也感受了一回“一字千金”。

就在拍广告期间，一天马云打电话跟我说，他刚去过“新浪会客厅”，跟他一起被采访的是一个叫马苏的演员，对他相当了解，问了才知道是听我说的。因为马苏在我们拍摄的《碧血剑》里刚演过“安小慧”。

“‘弘马’是我的职责。”我说。

“什么‘弘马’？”

“就是弘扬推广马总您呀！”

“哈哈！这个很好，继续弘，继续弘。”马云大笑。

交错的河流

2005 年 8 月，《碧血剑》开始筹备，马云跟张 Sir 说，除“风清扬”外，“穆人清”也是他很喜欢的武林高手，要张 Sir 把角色留着，他准备亲自来出演。

也许马云只是说笑，可张 Sir 当真了，让我盯着这件事。

我隔三岔五给马云发信息，拿拍戏各种好玩的事“引诱”他，还说“过了这个村就没这个店了”。但最后马云还是没有来演，他说：“其实我是真的想去演，可张英死活不同意啊。”

结果马云最喜欢的两位大侠“风清扬”和“穆人清”都是由“剑侠”于承惠老师一人给演了。于老师当时已过 65 岁，但依然仙风道骨，对武术的哲学思想也有很深入的研究。他最漂亮的是一脸洁白的长须，用张 Sir 的话说，“没有一根杂毛”，“还省下了化妆费”。

虽然马云没有来演“穆人清”，但还是来象山探过班。

那天是海钓节，马云带着几位阿里巴巴同学过来，探完班后和大家一起乘大快艇去“中国沿海最东边”的小岛海钓。

中饭要在孤岛上吃，岛上啥也没有。船上只带了锅子、炉子和淡水，钓到什么吃什么，钓不着就挨饿。

大家都觉得特别有意思，有挑战性。

结果那天钓到最大海鱼的是当地旅游局局长，钓得最多的是马云，阿里巴巴最痴迷钓鱼的谢世煌表现平平。谢同学是阿里巴巴十八“方的”（Founder，即创始人）之一，他的梦想就是“钓遍全世界”。有一回去澳大利亚休假，他哪里也没去，就在同一个地方钓了 5 天鱼，我听说这事后恨不得揍他一顿，这鱼也钓得太“奢侈”了。

因为乘大快艇去岛上需要一个多小时，所以来回的路上我们就在船上打牌“斗地主”。

同去的还有一位著名的企业家，打牌很踊跃。他说自己打牌很有天赋，学了没几回就“打遍公司无敌手”了。结果几圈打下来，就他一个人输，5 手“炸弹”在手他也打不赢。

他很郁闷，想不明白，下船坐了半小时的车到宾馆时还在问：“马云，最后那一副牌，如果我炸了你的三个‘2’结果会怎样？”

马云“语重心长”地拍拍他的肩膀，说：“这不是炸不炸的问题，问题是今天和你打牌的都不是你的员工。你有没有听说过，局长退休的第二天，所有的‘强项’顿时消失，桥牌、围棋、乒乓、象棋……那是因为没人再让他了，哈哈！”

我很想说出这位企业家的名字，为了咽回肚里，我还咬碎了两颗牙齿。

有好几年的春节，张 Sir 都带李亚鹏和尤勇等演员来杭州玩，其中必不可少的“重头戏”就是和马云一起看房子。他们对此乐此不疲，“桃花源”、“富春山居”……只要有人推荐，一个也不放过。

当时这些楼盘都还在建设中，春节时建筑工人放假，我们就偷偷翻墙进去看实样，一天房看下来，满身都是灰尘。每个人的看法都不相同，比如有人认为“桃花源”好，后来就买了。尤勇却说：“太偏了，这里跟杭州根本没有关系！”……

马云有时会带阿里巴巴的骨干去明星下榻的宾馆，让他们和明星合影聊天，作为对他们努力工作的“奖励”。

马云一向很幽默，跟明星们熟了就常开他们的玩笑。记得有个明星说为了锻炼身体，慢慢地已经可以冬天洗冷水澡了。马云说：“这不稀奇，你要慢慢加温，最后可以洗开水澡，那才牛！”

有一年马云获得了“浙江十大经济人物”的称号，张Sir被邀请给马云颁奖。颁奖前张Sir一边和朋友吃饭一边想颁奖词，大家七嘴八舌，最后张Sir还是采用了我的建议：“……网络很拥挤，马云之所以能冲出重围，是因为他有一副好身材……”第二天杭州各大报纸都登了这则笑侃。

2006年，《鹿鼎记》里扬州的戏都是在观潮胜地海宁盐官拍的。因为离杭州很近，所以拍摄期间我们到杭州参加了马云的生日晚宴。马云也有一晚来剧组探班，因为整个宾馆都住满了，马云就跟张Sir住了同一间。第二天早上还跟张Sir打了一场高尔夫球。

由于当时两人都打球不久，兴趣较浓，所以打赌说谁输了要双手作揖，大声叫对方三声“师傅”。我记忆中他们打了三回赌，每次都是马云小胜，张Sir为此很生气！

马云不仅幽默，聚会的时候还会不时给大家出一些动脑筋的小题目，当别人答错或摸不着头脑时，他就会开心得前仰后合，手舞足蹈。题目大多忘了，只记得其中两个：

第一个：鬼子进村后抓了全村人，人人都得从桥上走，到桥中每人要说一句话，如果是假话就要被砍头，如果是真话，就要被推下50米高的桥，下面没水，全是乱石。换作你将怎么办？

第二个：一个房间里有三盏灯，房间外有相应的三个开关，你先在外面按下开关（看不见里面的灯），再走进房间，这时你有什么办法判断出哪个开关对应着哪盏灯？

也许这些题目放在今天大家会觉得蛮简单，而当年刚出现时还是很为难人的。

如果说张Sir的毛笔字“不好”，那马云的毛笔字就更“差”了。有一回全国象棋大赛在宁波举行，张Sir和马云同时被邀请参加开幕式。进场前需要用毛笔留笔墨，马云很“认真”地写出了几个惨不忍睹的字，自己实在看不下去，就在下方署名“张纪中”，然后重写一句，依然惨不忍睹，这回没有署名就进场了。过了一会儿听见后面张Sir在喊：“这字不是我写的，写这么差还署我的名！我知道了，一定是马云干的！”

张Sir在心底里还是很钦佩马云的。记得有一回，浙江为创文化大省请张Sir来座谈，希望张Sir能拍一部反映“杭铁头”努力创业的电视剧，剧本已在创作之中。当时杭州市作协主席是位女士，记得她说：“杭州在改革开放中以温温火火的态度，走出了风风火火的速度。”张Sir说：“杭州已有了最好的例子，马云！如果剧本能写成像马云创业这么精彩，我一定拍。”

第四章

阿里巴巴，我来了

2008 年 3 月，我 93 岁的奶奶过世了。我从小由奶奶带大，最遥远的记忆，就是 5 岁时奶奶教我猜谜。在给奶奶办后事的时候，我看着父母在微风中飘动的白发，心里产生了深深的痛苦和无奈。正在老去的父母让我想起一句古训：父母在，不远游。

之后我就没再回剧组。

等我慢慢从悲痛中恢复过来，我去了马云家。然后，我就成了马云的助理，直到今天。

新助理，新开始

2008 年 4 月 3 日，是我到阿里巴巴上班的第一天。我穿上封存了好些年的西服，和马云及泰国正大集团上海公司的郑总乘坐正大安排的公务机去呼和浩特。在飞机上，郑总告诉我，正大集团的谢总不久前听过马云的一次英语演讲，对他十分钦佩，坚持这次在呼和浩特召开的会议一定要有马云参加，并嘱咐两个儿子尽快去阿里巴巴拜访。

到呼和浩特后，我们先参观了大昭寺。大昭寺里沉淀着许多康熙的故事，参观过程中我们深刻感受到了康熙的伟大——要领导一个异族，首先要做到尊重异族的文化。马云对历史很有兴趣，时不时地问导游几个他记不清的历史事件，导游解释后，他便点点头，随后陷入沉思，反复再三。

之后，马云与泰国的谢总及蒙牛集团的老总一起开会，探讨“社会主义新农村”的建设问题。

晚餐后，我们乘原机回杭州。回来的飞机上，郑总告诉我们，正大不仅做饲料，养殖业甚至电子行业等都有介入，还告诉我们中国每年宰杀的生猪有6.5亿头。马云睁大眼睛，惊讶地说：“有那么多吗？幸好是人吃猪，如果是猪吃人，中国人两年就被猪吃完了。”

就算每头猪长度只有1米，我算了算，仅中国每年宰杀的猪，头尾相连就可绕地球赤道16圈！这时我脑子里不禁想起犹太作家以撒·辛格说的话：“就人类对其他生物的行为而言，人人都是纳粹！”每个养殖场其实都是人类给其他动物建造的集中营，我认为。

人类“别无选择”，但不能“心安理得”。人是动物中最优秀的动物，但人也是禽兽中最残暴的禽兽。“素食主义”我看也不靠谱，万一10年后科学证明植物解体比动物更痛苦，怎么办？瞎扯扯远了！

原先在剧组，经常能听到张Sir说：“我哪能跟你比，你还是小伙子呢！”所以一直以来，年轻就是我骄傲的资本。可到了阿里巴巴却发现我拖大家后腿了，我把集团的平均年龄硬生生地往上拉了N岁，这是我来阿里巴巴最内疚的事。

2008年4月中旬，马云从欧洲回到北京，我们抽空去看了郭广昌在北京开发的两个楼盘。郭总是学哲学的，品位跟别人就是不一样。其中一个楼盘房子的阳台是用铜做的，已经生锈变绿了。郭总说这是此楼盘的主要亮点，时间越长绿色会越漂亮。

走进里面，发现房间不大而走廊很宽。我们觉得有些浪费。郭总的理论却是：美好的生活是浪费出来的。成功者的想法总是会与众不同。

4月29日，马云从北京赶往廊坊新奥集团，在这次会议上我第一次见到了柳传志、王玉锁等著名企业家。自助中餐时，张英打电话来问马云吃得怎么样，我说马云吃得很少，马云“反驳”说：“那是因为陈伟帮我拿的都是他自己爱吃的。”

我说那马总您自己去拿，结果他拿的跟我拿的基本一样。马云却狡辩说：“你帮我拿的那条鱼有我的这条漂亮吗？”

5 月 5 日，我们去香港。B2B 股票上市半年了，这是第一次开股东大会。由于股价跌幅不小，之前还担心小股东们会抱怨，结果却很平静，因为那时所有的股票都在跌，“覆巢之下，安有完卵”？

股东大会结束后，马云和上市公司的领导们在香港一家酒店聚餐，吃饭时闲聊的话题是：人到中年最想要的到底是什么？

每个人都发表了自己的想法，最后轮到我，我开玩笑地说：“中年男人最希望的三件事是升官、发财、死老婆。”那是我早年不知从哪里听来的，大家听了都乐，而在场唯一一位女高管则表示了对所有男人的绝望。

5 月 8 日，我陪马云去莫斯科参加 ABAC 会议（亚太经合组织工商咨询理事会），会议地址与红场仅隔一条莫斯科河。

5 月 9 日是第二次世界大战俄罗斯胜利纪念日，所有的人像被磁铁吸引，从四面八方涌向莫斯科河畔，观看红场的阅兵仪式。晚上我们到达圣彼得堡，那里同样万人空巷，还有人沿路免费发放第二次世界大战绶带仿品，我也领了一条，至今保存着。由于圣彼得堡纬度很高，整个晚上天就没有黑过。

2003 年成功抗击“非典”后，马云将 5 月 10 日定为“阿里日”。“阿里日”有很多活动，重头戏有两项：一是这天所有员工的家属可以来公司参观、用餐，并有专人讲解“阿里之旅”；二是举行集体婚礼，所有费用由公司承担。

当天我们在圣彼得堡吃中饭时，马云打电话回公司，祝参加集体婚礼的新人百年好合。他还开玩笑地说：“国有国法，家有家规，凡在阿里结婚的，婚期是有限制的，不要太长，102 年就行了，和公司保持一致。”

这是我成为马云助理头一个月的行程。我没有记日记的习惯，不过我有写大事记的习惯。现在回过头来看，每一个日子都历历在目。迥别于以前生活的新的工作，就这样开始了。

博鳌马云风

2008年4月11日，公司5人去海南参加博鳌论坛。到博鳌时已半夜，王帅同学路上丢失了会牌，大家都进不去。补会牌又折腾了近一个小时，入住酒店已是后半夜。

王帅曾任阿里巴巴资深副总裁、淘宝网首席品牌官，还兼任过雅虎中国总经理，现为阿里巴巴集团首席市场官。江湖传言他在企业公关战场上十分骁勇，是深得马云信任的一员爱将。但是同时，他也是一个不拘小节的“楷模”！在公司里“王帅不帅”、“老陆不老”跟杭州的“长桥不长”、“断桥不断”几乎齐名。老陆指的是曾任淘宝网总裁的陆兆禧（现为阿里巴巴集团CEO），他的淘宝ID是铁木真，不过我们都叫他老陆。当然，正如上文所说，老陆其实一点儿也不老。至于王帅，每次看到他我脑子里都会出现毛主席写给丁玲的词：“纤笔一支谁与似？三千毛瑟精兵！”他到底帅不帅，实属见仁见智的问题，我只知道他是我见过的最瘦的高个儿。

作为一员公关大将，王帅是一个文才极好而口才极不好的人。不熟悉的人可能会惊讶于后者，常常有人跟我控诉说压根儿听不懂王帅在说什么，可是接触多了才能感受到他的坚韧。

我个人认为王帅能有今天的成绩，主要是因为他对马云的崇拜。很多人都崇拜马云，但王帅最甚。

许多次我陪马云去北京出差，很晚了王帅还是会打电话给马云，每一次都是酒后，语无伦次，也没有具体内容。弗洛伊德曾研究“梦的解析”，如果他接着研究“醉的解析”，一定会得出这样的结论：喝醉的时候总先想到的那个人一定是他最重要的人——崇拜的人、暗恋的人或是仇人。

马云给王帅布置的工作从来不“具体”，但原则很明确：首先，不捏造事实；其次，不收买媒体。

之前觉得很一般，现在回过头一看，太伟大了！我现在明白了，有智慧的人就是永远不要小聪明的人。想想这几年卖牛奶的就明白了。这真是路遥知“马”力，日久见“奶”心啊！

博鳌会议期间，最受关注的是马云和李连杰，经常是几十米的通道要走很久，时时会有签名和合影的要求，连吃饭时也不例外。

马云演讲时座无虚席，平均不到两分钟就会被掌声或笑声打断。他演讲完后，美国前国务卿鲍威尔也到台边向他表示祝贺并与其交谈。

鲍威尔的演讲马云也很赞赏，其中讲到领导力的 3 点马云后来经常提起：“Train him. Remove him. Fire him.（培训他，撤换他，开除他。）”

4 月 13 日，时任中共中央总书记胡锦涛来博鳌，接见了马云等青年领袖。

在接见前，青年领袖们被集中在一起，李连杰悄悄跟马云说，很多人见到他说的第一句话都是：“我是看着你的电影长大的。”

“老天爷！”李连杰说，“很多说这句话的人年纪都比我大，这是他们认为最能表达崇拜之情的一句话，也是我最不愿听到的一句话。可听多了也就麻木了，哈哈！”

会议期间，我们还跟一个著名网站的创始人一起用餐。为活跃气氛，这位创始人先给大家讲了个笑话，笑话讲完后我们面面相觑，因为一点可笑之处也没有。

接着他开始批评电影《色·戒》，说一部电影需要用这么长的篇幅去表现性爱吗？

我有不同看法，说："你没有看懂这部电影，李安的电影都是探索人性的。他希望通过这样的描写告诉你，要侵入一个人的灵魂，除了信念、宗教、毒品外，可能还有性爱。女人就是从肌肤直通心灵的动物。"

马云说："我同意陈伟的看法，其实我还是蛮喜欢李安的。"

我回杭州后在公司内网上发了第一篇文章《博鳌马云风》，后来被登在了首页。

原先首页都是登公司新闻的，如"某某领导来访，公司某某陪同参观"之类。而我的文章完全属于不同风格，比如插图是鲍威尔的一个庞大背影，图说是：马云就站在鲍威尔的对面，虽然我们看不到他，但他告诉我们如何用缩小自己的方式去赢得更大的空间。

过了两天，马云和时任阿里巴巴 CEO 的卫哲去了南京，回来后我又在首页发了一篇《南京信号》。这时马云已去欧洲，他电话里特意提醒我千万不要以娱乐界的方式去"娱乐"政府。

我是网络白痴

当时公司旗下口碑网有一个项目正在"革命圣地"湖畔花园封闭开发。说起湖畔花园，可能很多人只知道那里原来是马云的家，后来阿里巴巴成立的时候，那里成为办公室。2003 年淘宝网秘密研发的时候，十几个人的团队也是躲在湖畔花园工作了几个月，才把淘宝网捣鼓出来。后来，这套三居室的房子就成了公司的"革命圣地"，但凡有什么新项目要研发，革命的火种都是从湖畔花园烧起来的。

某日，口碑网一个项目组的领导邀请我去湖畔花园"指导"工作。

我有些诧异，刚来几天的我能指导他们什么？我去后，他们给我看了设计的产品，并很谦虚地问了我很多关于产品的看法。当时我还扬扬得意，做出了许多自以为非常重要的指导。事后我才知道，这些都是马云安排的，而其原因让我很受伤。因为之前马云是这样对他们说的："要有更多的客户，就要把网页做到极致的简单，要让从前不上网的人一来就会用。现在整个公司里只有陈伟一个网络白痴，让他来看，他看懂了，说明产品可以上线了。"

后来，我知道这样说其实已经算给我留面子了。马云跟我说过："在公司里成长起来的管理人员，哪个没有把脸皮当拖把在地上拖过，拖过你就不会不懂装懂，就会脚踏实地。"

之后我逢人就说我是网络白痴，结果周围的人都争着帮我，现在至少我每天能打出好几个字。

当时负责开发这个项目的是李俊凌同学，后来是阿里巴巴集团副总裁。该同学被公认为是阿里集团最会读书的同学，从小跳级，一直跳到斯坦福大学读博士，现在出去见人，我都这样介绍他：雅虎创始人杨致远的同班同学，杨致远之所以博士没有念完，是因为他不能接受班里有个跳级多次，比他年纪小很多的同学。

李俊凌之后换过很多部门，做什么，爱什么。在每一个部门他都对我说："陈伟，这，才是互联网的精髓。"所以今后假如有人问你，什么是互联网的精髓？记得回答，李俊凌负责的就是互联网的精髓。

李俊凌同学经常被邀请做分享，题目你可以随便出，内容他只有一套。他的原理是：三个右转弯等于一个左转弯。不论你给什么题目，三句话之内他都能转到他要讲的内容上。

什么是助理

身为马云的助理，最重要的工作便是陪同马云到各地去参加各种活动。

除了陪同马云在各地开会、考察或接受采访外，我还有一项重要工作便是处理马云的信件和包裹。

在公司，我每天的“必修课”是拆看所有给马云的来信，接听陌生人的来电，或“接见不速之客”。

如果陪马云出差回来，信件会堆成小山。

我常跟同事说，在阿里巴巴最愚蠢的事就是写信给马云告我的状。因为给“皇上”的所有“奏折”都会落到“本公公”手里。

我有时也会接到很激动的电话，问：“您是马云先生吗？”因为马云记不住自己的电话，而能记住我的电话，在外被围堵时马云常会发名片给大家，当发现名片上没有手机号时，有的人就会询问，这时马云就把他记得很熟的我的号码报给人家。

经常也会收到类似这样的短信：“马云，我就是上周跟您同班飞机去香港的……”

有个大学生每周来信一封，写了 70 多封，字不错，从大学一直写到工作。由于信上没有联系方式，我能做的就是每周看他的“周报”。

另有一封：

“马云，我跟您很像，首先我也叫马云……”信后附有身份证复印件。复印件显示，这位同学果然和马云同名同姓。

又一封：

“马云，我跟您有相同的经历，我已教了 5 年书，现在我决定跟您一样……”

又一封：

“马云，我跟你有相同的挫折，我也考了 3 年大学。不同的是你第 3 年考上了，而我依然没有考上……”

又一封：

“马云，我虽然一无所有，但我还是决定要创业。我要把其中一只肾脏卖给你，我留一只就够了……请相信我，‘独肾’创业者将来会成为‘独孤求败’。”

也有的直接写了张收条，留下一个银行账号。我记得最多的一张写着 6000 多万元。

就在前不久我还收到一封“小行星命名（马云星）函”。

编号：22××××

直径：4 千米

当前距离：离地球 4.5 亿千米

……

当然，真挚感人的信也很多。

比如：“马云，您好！我是广州分公司的林 ××……今天，我虽然离开了阿里，自己创业，但我一直认为我还是阿里的一分子，阿里巴巴六大价值观深刻地融入我的骨髓里，也融入我现在的企业里……希望有一天我的企业也可以像您说的一样，成为一家有社会责任感的公司……最后送上我亲手制作的卡通花束，表达我对您的敬意……”

对于一些创业者的来信，我会通过短信或邮件给予鼓励。其实他们都是我的偶像，我把从马云那里听来的话发给他们：“永不放弃”、“上帝只救自救者”、“不要给失败找借口，要给成功找方向”，等等。之所以说他们是我的偶像，是因为我知道他们的内心远比我强大，我只是传传话，我自己根本做不到像他们那么努力地去创业。

如我收到的短信：

“陈先生，您好！我是××，一年前曾去贵公司冒昧拜访，很感谢您当初的指导，这一年多我辗转波折，去过很多地方，现在回到了天津，做了一家软件开发公司……”

收到这样的短信，是最让我高兴的事。

除此之外，五花八门的来访者也归我这个“御用闲人”接待。有一次公司来了一位女士，是我们“诚信通”的客户，“投诉”我们的“旺旺”只能同时在线500家客户，说这影响了她业务的发展。我们找了很多人跟她谈，也查了她的资料，她总共就十几个客户。可她就是不走，还在前台住了3个晚上，门卫还定期给她买盒饭。最后我们确定她精神有问题，打了“110”才把她带走。

还有一次，有一位老大爷到前台，说马云是他干爹。我觉得他的年纪做马云干爹还差不多。

还有一些人自称是“马云朋友”，见了他们，他们才说其实是因为卖了假货或炒作了信誉，网店被封了，急了！他们一般还会加上一句：“别人比我违规的次数多多了。”

我说：“你把他们是谁告诉我，查实后我们会把他们的店也封了。但是，不能因为有杀人犯逍遥法外，你就可以强奸妇女，这个道理你应该懂吧？我所能做的是帮你复查一遍，如果处罚真的过重会酌情考虑的。”

一天，有一个小青年来，说他是马云的外甥，要见马云。我告诉他马云的外甥我是认识的。他离开后打电话进来：“我知道你这种人，别人给钱你就安排见马云，不给钱你就不办。”

又有一个青年到公司，把给马云的信交给前台，说一直会等到马云见他，并要让史玉柱、柳传志等一起来开会，讨论世界经济问题。我去见他，跟他说：“你的信我看了，首先我帮你纠正一下，现在全世界人口不是 30 亿，而是 67 亿（此为 2008 年数据，截至本书成稿世界人口已突破 72 亿。——编者注），接下来我们一起来看看你信里的错别字……放眼世界非常好，但脚踏实地更重要。”

糗事

毛主席说过：“一个人做一件好事并不难，难的是一辈子做好事而不做坏事。”我自己延伸出三层意思：做对一件事，不难；一直做对事，不算太难；一直不做错事，那是难上加难。

2008 年 5 月，我陪马云在莫斯科参加 ABAC 会议。马云讲的英文我是能听懂的，当然，因为我的英语就是他教的嘛。可是老外讲的，特别是当里面还有很多专业术语时，我就完全听不明白了。好不容易耳朵里钻进一个半生不熟的词，等我想明白了，发言的内容已经跑出去两里地了。那天早晨，我听了 5 分钟就出了会场，走过大桥，来到红场。

踏着 15 世纪的条石，徜徉在红场的薄雾里，来自不同国家的青年男女旁若无人地相拥。走过莫斯科保卫战的检阅台，想象着克里姆林宫里一代又一代沙皇发生的故事。腰粗得转身都很艰难而依然笑容可掬的俄罗斯妇女，正在叫卖永远猜不出有几层的套娃……

畅游在这凝结着俄罗斯历史更迭成本和鲜血的红场，我完全忘了我还有工作。我回到开会的宾馆时已是下午，会间休息时我见到了马云。马云问我：“陈伟，我好像记得今天还有别的安排，有吗？”

这时我突然想起，好像约了俄罗斯著名的网站 Yandex 的 CEO 和 CFO 在宾馆见面，时间是上午 11 点，而我完全忘记了这件事！我马上通过马云国内的秘书联系到对方，对方说他们在宾馆原定会面的地方等了一个小时，见没人来就离开了。我千道歉万道歉，对方终于同意在他们公司重新会面，否则我真不知道怎样向马云交代了。

2008 年 5 月 27 日，我陪马云去广州。下飞机后取托运行李时，我看到一个差不多的黑箱就拉走了。门口的检查也形同虚设，看都没看就放我过去了。车开到半路上，机场通过订票记录千回百转联系到我，说我可能拿错行李了。我想不可能啊，打开箱子一看，全是女性用品！

马云看着箱子里的东西，笑着送了我两个字："愚蠢！"

事后马云开玩笑地说："还好是在车上打开箱子，如果在机场打开，万一又有八卦的记者在场，说马云的行李在广州机场被查，发现里面装的全是女性用品，这下他们就有无限发挥的空间了。"

除了马云嘲笑我，一同去广州的总裁办闻佳，我最要好的女同学之一，一路上也拿这事开我的玩笑。她订的回程航班比我们早一个晚上，当我陪马云第二天一早赶到机场时，看见闻佳还在！她脸色蜡黄，披头散发地说："一夜雷雨，飞机没有飞。"我"无比同情"地拍拍她的肩膀，脑子里却冒出一句英语：Justice was done（正义得到伸张）！

当年跟张 Sir 拍戏时，我们是"野外工作者"，所以说话都很大声。而且当时剧组的文化也是那样，说话大声说明你有激情，回答大声说明你能把工作完成好。

刚到阿里巴巴的时候我没有注意，还是经常大声说话或在马云边上大声地打电话。马云有一次对我说："陈伟，你是打电话还是打雷！你声音这么响，很多次都把我的思路带到你电话的内容里去了。"

虽然我开始意识到这个问题，但这个问题就像阿里文化一样"又猛又持久"。

有一次在广州，马云为第一届网货交易会的事跟相关领导会谈，马云和领导在里屋会谈，我在外面的房间等着。这时恰好公司"神童"李俊凌打电话给我，由于信号不太好，所以我说话比之前还要响！里面的领导轻轻地跟秘书说："去看看谁在外面吵架。"秘书出来跟我打了招呼，进去汇报："是阿里巴巴的，没吵架，是打电话。"

我党的领导水平就是高，领导马上说："阿里巴巴真是个有激情的公司，从员工打电话的音量上都可以感觉得到！"

过了好几个月，我自以为这个毛病已经改好了。一天，我在车上问马云："马总，我现在打电话是不是好多了？"

马云送给我四个字："依然很响。"

关于电话的糗事还没完。为了不影响马云，跟马云一起的时候我都是把电话调到静音状态，可是分开时有时会忘了调回来。

有一回在北京，晚上活动结束后，马云回房间去了。我的手机开在静音状态，忘了调回来。马云有事连打 3 个电话给我，我都不知道。马云是 11 点前后打的，我是 12 点半才发现的。大家设想一下，当时的我是多么煎熬：不打回去，也许马云一直在等我；打回去，可能马云刚睡着又被我吵醒。

我为此纠结了一夜。这样的事不止发生过一次。

马云出差张英都会为他准备护脸霜，那些都是张英每次去国外时专门为马云带回来的，很不便宜，结果都被我散布到祖国的大江南北了。因为我帮马云退房时，总是忘了把护脸霜带回来。我退房时一般只查三样东西：电脑、衣柜和保险箱。

有一次我主动跟马云承认错误："我的错误归纳起来只有一个，那就是坚持错误。每犯一次错误，我就在地上放一块砖，于是便有了长城。"

另外一次去北京，因为就出差一天，所以马云没有办行李托运。我忘了，把自己可以随手带的小箱子托运了。到了北京机场才知道自己又犯错误了。等行李的时候张英打电话来问："到哪里了？"

马云："还在等行李呢。"

张英："你不是没有托运行李吗？"

马云："陈伟有。"

我顿时感觉无地自容。这次马云在北京的行程非常紧，不等行李都可能会迟到。那次等待是我人生中最漫长的15分钟之一。

2008年9月27日，"神舟七号"出舱那天，我陪马云参加天津夏季达沃斯会议。那天有安排马云与英国大臣单独见面，我看行程表里写的是"meeting room 3"，就在约定时间把马云领到了"第三会议室"。到后发现里面有几百人在开大会，急得我一身汗。

马云问："你确定是这里吗？"

"写的就是meeting room 3。"我回答。

马云转头就走，结果我们在第三会客室找到了英国大臣。

事后马云跟我说："这么大型的会议，meeting room就很可能是会客室，人家怎么会安排在大会议室跟我们见面？"然后开玩笑说，"以后在外面别说英文是跟我学的，我丢不起这个脸。"

还有一个搞笑的错误。那天我陪马云跟几个企业家在聊太极，中途我上洗手间时，另一同事用我手机给马云发了条跟当时谈话没关系的短信，马云回信息："你来说吧。"

我回来看到马云的信息，以为他讲累了，让我多说说，于是我就很不客气地"吹"上了。

事后马云对我说："陈伟，你今天怎么这么兴奋？"

我说："马总，不是您发信息让我多说的吗？"

等马云弄明白原因后，他也乐了。

今天我把这些糗事都写出来的时候，心里一阵轻松。因为那些曾经让我痛极一时的"魔鬼"们，终于被"绑"在一起，成了我"做菜"的"作料"。

其实每个人都会犯错，只是当你还不够自信时，你不一定敢说。

古人说：圣人有三错。明朝吕坤的《呻吟语》中有："有过是一过，不肯认过又是一过；一认则两过都无，一不认则两过不免。"

马云就没有糗事吗？有。2009年11月，李连杰邀请马云参加"国际慈善论坛"，地址在北京国贸的万豪酒店。我们从前面一个活动赶来，到酒店时离马云演讲已不足5分钟，去房间换正装已来不及。马云快步走向洗手间，在进门的一瞬间，我从后面一把抓住了马云——马云此时推开的是女厕所的门。

突然想起两句关系不大的话，也分享一下：

"上帝在赐给我们青春的时候，也赐给了我们青春痘。"

"物品不会死，因为它们从来没有活过。"

把自己犯过的错误公开其实是很好的提升自己的方法，比如我现在打电话的声音只有对方能听见，连我自己都听不清（开玩笑）。

第五章

忙碌的阿里人

马云出差的频率非常高，远远超出我入职时的预期。记得有一个月仅北京一地就去了4回，每天醒来的第一件事就是要搞清楚自己在哪里。

马云的工作节奏也很快，每天参加的活动和会见的人我数也数不过来，所以只能选取其中的一小部分跟大家分享。

忙碌的2008年

2008年6月2日，我陪马云从廊坊到北京。之前已通知公司4位高管到北京，跟随马云参加后面两天的活动。

6月3日，马云在中央电视台一号演播大厅点评《赢在中国》总决赛。那天还有柳传志、牛根生、俞敏洪、刘永好等在场。这个演播大厅是我熟悉的地方，2003年带儿子上春晚时，每天都在这里彩排。

企业家们跟王利芬先到后台简单化妆。虽然都不是第一次上这个节目，但大家对化妆还是有抵触，总能听到有人说："行了，行了！"或者说："某某某，你白得有点像太监了！哈哈！"

王利芬说："为了全国观众，你们就忍一忍吧。"

候场的时候大家坐在一起聊得很放松，很随意。

马云那天穿了一件深色立领的衣服，相当帅！点评也很精彩，网上都能查到。我印象最深的是马云点评"海龟"创业者的一句话："一只'海龟'，如果没有经过两三年的淡水养殖，是很难存活下来的……"

6 月 5 日，马云去北京大学见了当时的校长许智宏，之后张维迎陪马云参观了北大奥运会乒乓球场馆，还谈妥把光华学院里最大的一个演讲厅命名为“阿里巴巴厅”。马云事后开玩笑地说：“万一阿里巴巴活不到 102 岁，北大应该没问题，那样阿里巴巴的名字还在。哈哈！”

当晚，马云在光华学院做了演讲。

第二天，马云又在北京另一所大学的商学院做了演讲。

马云演讲时我和同去的 4 位高管坐在第一排听讲，其间坐我边上、当时主管“诚信通”业务的副总裁吴敏芝（现任阿里巴巴国际业务总裁）凑过来看我做的笔记，看后她差点爆笑出来。因为她记录的是马云的管理思想和理念，而我记录的是：“一只猪，假如长到了 5000 斤，那它已经不是猪了……”

回来后我在内网发文《马云经典语录》，记录了马云演讲中的话并做了注解。吴敏芝看了内网后发信息给我：“我现在明白了，你我分工不同。”

6 月份有一次在马云家闲聊，我说：“人的心脏一辈子大致跳 25 亿次，从来不停。看起来好像很辛苦，其实心脏是所有脏器中‘休息’最好的，因为它每工作‘0.1 秒’就休息‘0.7 秒’，收缩时工作，舒张时就是放松休息。所以劳逸结合是很重要的，一个从早到晚搬砖的人没有搬半小时、休息半小时的人搬得多。”

马云听后马上想到了员工在公司里工作很辛苦，让他最心疼的是“诚信通”和“呼叫中心”的同事们。马云说：“心脏的工作形式可以借鉴，我要跟他们领导谈一谈。”

2008 年 7 月 30 日，我陪马云参加香港菁英会。

马云演讲从来不事先做文字准备，但通常提前 10 分钟左右会拿一张纸，简单写几个字作为提纲。那天马云坐在第一排，而我坐在会场的最后面。演讲开始前不到 5 分钟，马云突然发信息给我：“毛主席哪句话有水？两百，三千？”我当时不知道毛主席说过这样的话，赶紧跑出会场打电话给王帅。王帅告诉我：“自信人生二百年，会当水击三千里。”我马上发给马云。

结果第二天，香港的每一张报纸上都印有这句话。

回杭州后，我把毛主席的诗重新看了一遍。从他小时候读私塾时写的《井》“天井四四方，周围是高墙。清清见卵石，小鱼囿中央。只喝井里水，永远养不长”，到1973年批评郭沫若“劝君少骂秦始皇，焚坑事业要商量”，没有发现哪首诗里有那句话。网上虽然有这句话，但没有出处。后来在一本书的注解中我查到了：毛主席在1958年曾对自己从前写的诗做过自注，在注解《沁园春•长沙》时，毛主席写道：“当时有一篇诗，都忘记了，只记得两句：自信人生二百年，会当水击三千里。”

回来后，我在内网发文《香港菁英会侧记》：

香港菁英会成立于2007年5月，其中很多骨干是香港名门望族的年青一代。7月30日，菁英论坛在香港会展中心举行，马总应邀参加，并做了题为“青年的机遇与责任”的演讲。

10多年前，在维多利亚港湾的南岸，填海建造了会展中心，形如大鸟，面向大陆，张开双翅，寓意香港飞回祖国的怀抱。徜徉在“大鸟”边，我顿悟：北京奥运主场馆为什么是“鸟巢”？火炬为什么是“祥云”？因为“大鸟”飞上蓝天需要“祥云”引路，而其神往之处便是“鸟巢”。

论坛在“鸟头”里举行，由已成为凤凰台副台长的吴小莉主持。岁月更迭，“媚”力依旧，可她的“尺寸”却是我想象中的1.2倍。她上台的第一件事便是让工作人员将话筒提高15厘米。

特首曾荫权、博鳌秘书长龙永图先后讲了话。其间还有经济界的专家们做了演讲，据说都是赫赫有名的人物，可惜我都不认识。

吴小莉是浙江绍兴人，所以每次提到马总都会加一个前缀“我的老乡”。马总压轴演讲，正如大家期待的那样激情四射，妙语连珠！马总的演讲以毛泽东的诗句作结束语：自信人生二百年，会当水击三千里！

演讲结束后，吴小莉对马总说：“你演讲时我一直在猜你后面会怎么说，可每一次我都猜错。你的思维永远在我的预料之外！”

值得一提的是，从第一晚接机到整个活动结束，一直陪在马总身边的还有一位马总的朋友，英俊潇洒、待人谦和的香港菁英会副主席霍启刚——霍英东的长孙。

马云演讲没有文稿却妙语连珠，这永远是让企业家们钦佩和羡慕的事。在南京的“云锋基金”会议上，同一辆大巴的企业家们又谈到这个问题，马云说：“我很早以前也念过稿子，一页纸念错6个字，而且节奏也不对了，丢过很大一次脸，从那以后我就不念稿了。”企业家们听了都乐。

2008年的“十一”长假，马云在西安召开淘宝高层会议。白天带大家参观古迹，晚上请当地历史系教授讲解秦国的兴起和灭亡，以及唐代的兴衰。借古说今，讨论淘宝的战略，大家收获不小。其中马云对王翦领60万大军灭楚、巧释秦王疑心的典故有自己的看法：“秦王比王翦要厉害得多，他根本不会因为王翦要封赏就认为他贪财而不会造反。再借王翦10个胆他也造不了反，秦王有太多方法可以控制他了。写历史的人眼界和水平只到王翦这个层次，所以才会这样写。”

10月18日，马云参加“长安街上的中国灯笼”——北京银泰中心的开张大典。银泰中心是长安街上最高的楼，有249.9米高。当晚，成龙、李冰冰等明星悉数到场。

晚会中有一个重头戏是俄罗斯蜘蛛人沿外墙攀楼。由于观看的人群迅速涌来，长安街交通立即瘫痪。很快警察赶到，把蜘蛛人带走了。

事后企业家们都问银泰负责人："怎么事先没有跟相关部门沟通好呢？"

负责人说："长安街根本批不下来，能爬多少算多少，你们看全世界的报道，所有的蜘蛛人最后都是被警察带走的。"

想了想，的确也是！

第二天，我陪马云赶往上海复星集团总部开会。会上只有柳传志一个人穿正装，他发言抱怨说："通知说要穿正装，结果只有我一个人穿。问他们怎么回事，还说现在中南海的正装都改了。"说得参会代表们都乐了，因为在场的都是企业家老朋友。

会后去城隍庙吃晚饭，是分餐式的。我坐下不到 10 分钟，一条大海参刚端上来，还没来得及吃一口，马云接了个电话，说杭州有事在等他回去处理，马上站起来说："出发，我们回杭州。"

后来每次去城隍庙，我都会想起那条没吃成的大海参。

10 月 24 日，马云应邀去河南，这个中华民族的摇篮地马云和我都是第一次去。杭州忙完已是晚上，赶最后一班飞机到郑州。马云想马上入住酒店休息，可当地领导已安排了夜宵等着，盛情难却。

马云和释永信交谈

领导问马云来河南最想去的地方是哪里，马云说："嵩山少林寺和太极陈家沟。"不愧是武侠迷！

因为第二天活动结束马云就要赶往北京，没时间去少林寺或陈家沟了。不过主办方还真有心，特别邀请了少林寺方丈释永信第二天与马云共进早餐。

第二天早餐前，马云和释永信先在宾馆会议室会面。一个是最"武侠"的企业家，一个是最"商业"的武林门派"掌门人"。谈话的内容我已记不太清，只记得释永信方丈说："不管别人怎么看，我就是要想尽一切办法把少林武术和文化推向全球。"

当天上午，马云在河南青年创业大讲堂演讲。火爆场面超过预期，前来的大学生有一半都没能进入会场。演讲结束后，马云在数十位警察和警校学员的保护下艰难离场，我们接着赶往北京。

由于这次演讲，回杭州后我忙了许多。全国各地高校的来函、来电剧增，都希望马云去演讲。更有山东、安徽等地方的学生代表直接来公司邀请。由于马云事务太多，我只能对他们好言相劝、婉言谢绝，并希望大家能谅解。

2008 年 10 月，马云在河南青年创业大讲堂演讲

11 月 7 日，我陪马云参加上海“中美互联网论坛”。我只记得美国驻上海的美女领事说：“就在上海附近的杭州，Jack 和他的团队建立了世界上最大的 B2B 网上平台，淘宝也已经是亚洲最大的 C2C 网站。”

12 月初，杭州还不冷，我陪马云到北京。北京的夜晚冷很多，下飞机后我问机场工作人员：“北京今天几度？”

“三四摄氏度吧。”

“哦，剩下没几度了。”我想开个玩笑。

“跟我们的股票一样，剩下没几块了。”马云也开玩笑。但马云接着很认真地说：“但我不会因为投资者去做任何短期的救市，我就是要全力帮助中小企业过冬，股价回来是迟早的事。”

12 月 6 日，《企业家》年会在北京举行，早上我给马云买了份报纸。报纸上说北京的某个湖里有一只鸭子被冰冻住了，而且还有照片。

马云的演讲就从这只鸭子说起：“今天北京的报纸上登了一只大傻鸭，被湖面上的冰给冻住了。因为它没有料到今年的冬天会那么冷，而那些有准备的鸭子提前上了岸，于是就安全了……金融风暴也是如此，来了并不可怕，可怕的是没准备……我说过金融风暴最黑暗的时期已经过去，那是因为半年前阴云密布而大家浑然不知，那是最可怕的。现在虽然雨很大，但大家都在关注，就会慢慢好起来了……”

会议用餐时，突然听见有人喊我“陈爸”，原来是杂志社里的杭州女孩臻。她之前为报道网商大会，曾“潜伏”在我公司半个月，还志愿做很辛苦的“天使”工作。

之后我和杂志社的人都混得很熟，她们也会问我一些关于马云的问题，比如：“马云现在越来越帅了，那他还说‘人的长相和智商成反比’吗？”

我回答：“与时俱进，马云现在改了，他说‘假如帅是一种错，我愿意一错再错’。”

还有人问：“马云近来身体好吗？我总觉得他越来越瘦了。”

我说：“你的发音不标准，那个字不念‘瘦’，念‘帅’，‘师——屋——爱——帅’。”

还有人说：“马云比歌星、影星还要明星，到哪里都引起轰动。”

我开玩笑说：“那还是有区别的，明星卸了妆就认不出来了，马云化了妆还能被认出来。”

还有人说：“别的企业家每年年会见到都老了一些，就是马云，这么些年来都没变过。”

我说：“其实马云也一直在长，但长的都不是年龄。”

她们听了都笑。

郭广昌在会议期间也帮着“看护”马云。当有人群涌来要和马云拍照，他会护着马云，然后说：“马云的肖像权本公司已经买下了，要拍照的先排队开票。”

记得有一天，我跟马云说：“马总，我总结了几点您演讲的技巧……”

马云打断我：“你觉得我讲话有用技巧？”

我于是辩解：“技巧是演讲家‘具有’的，一知半解的人去‘归纳’的，然后教给永远学不会的人听的。”我接着说，“就好比语法，在成长过程中不知不觉就‘具有’了，但得有人去‘归纳’起来，然后教给老外。”马云听了笑笑，不知是同意还是反对。

12 月 31 日上午，时任中国科学院院长路甬祥一行来访，马云陪同参观。见到路院长我备感亲切，我读浙江大学时路院长正是校长，毕业证书上也盖着路校长的章。

下午，江南会大讲堂第一次开课，马云给在座的企业家们开讲这第一课。

这天马云还交给我一个任务，希望我在来年帮他找一个好的太极师傅，马云想把他练过很多年又断了很多年的太极重新捡起来。马云想来年捡回的东西还有围棋，不过在张英和大伙的一致反对下，马云觉得“反对有理”，于是放弃了。

傍晚，马云去各子公司给员工们拜年。员工们见到马云都很激动，排着长队依次跟马云合影，很多员工还打电话给家人：“我跟马云合上影了！”

晚上，马云带着公司元老们去灵隐永福禅寺守岁，辞旧迎新。

永福禅寺本身就是一个清净的地方，而在这个冬天的夜晚更显得空灵。听月真法师讲讲佛法，又听马云谈谈哲理，大家忘掉了世俗的烦恼、工作的劳累，心灵获得了平静，灵魂得到了提升。

2009 年那些事儿

1 月 20 日，我陪马云在北京国家体育馆参加“2008 中国经济年度人物颁奖晚会”。晚餐时间大家统一都在馆内用自助餐，与我同桌的一位很面熟，想了想，是体操王子李宁。另外还有一位很漂亮的小姑娘，是奥运会开幕式上唱歌的林妙可小朋友。晚会的内容电视都播过了，我记忆最深的是某获奖企业家上台后说的一句话：“企业就应该当儿子养，当猪卖。”不过好像后来“猪”没有卖成。

2 月 5 日，我陪马云去上海青浦参加阿里巴巴 B2B 全国区域经理会议，会上马云风趣地说：“公司里每一个人的梦想就是我的梦想，把车买回来，把房买回来，把想娶的娶回来，把想嫁的嫁出去，把不想娶或不想嫁的也都搞定……让我睡得着的是‘老区’，让我睡得香的是‘新区’……”

2 月 17 日下午，马云在北京邮电大学电信学院讲课。

提问环节有学员试图挑战马云：“有人说阿里巴巴就是马云一个人忽悠成功的公司，你自己怎么看？”

听到这个问题，我当时心里有些紧张。

马云回答：“我真希望自己有这样的忽悠能力，可惜我没有。忽悠是把自己不相信的讲给别人听，而我一直都坚信，那不是忽悠，而是一种信念！”

台下一片掌声。

4 月 25 日、26 日，马云在北京参加华夏同学会第 12 次会议。

由于会场周围没有啥好玩的，我就坐在里面听听，还做了简单的笔记。

以下是部分参会人员的观点。

柳传志：

“PC 行业是一个毛巾拧水的行业，又有点像穿草鞋的行业。

“如何让职业经理人具有事业心是一个问题。企业文化就是要培养员工从有责任心到有上进心再到有事业心。

“企业是否多元化主要看组织架构，看有没有人，要考虑领导人的‘精力’资源。”

刘永好：

“8 亿农民，1.4 亿在城市打工，6000 万在做小生意。养猪亏本是因为规模养猪搞不过 2 亿不计成本的散户。毛主席说：‘关键问题是教育农民的问题。’”

陈晓：

“黄光裕出事不会影响国美的经营，国美的商业模式是‘不差钱’的，因为跟厂家结算的周期比商品在超市里的周期要长。

“国美要改变是被马云逼的，但那不是一场革命，只是模式的改进。”

冯仑：

“外企是按菜谱做菜而不会自己写菜谱。”

马云：

“办企业就是要有理想主义和浪漫主义。”

郭广昌：

“马云是超级理想主义和超级现实主义的集合体。”

马化腾：

“原以为搜索是互联网最完美的模式，现在觉得任何模式都有缺陷。”

某教授：

“4 年内房地产卖了 8 万亿元，贷款 3 万亿元，3 年可以还完，非常没有危险。”

某银行专家：

“1998 年，中国全部银行从技术的角度来讲都濒于破产，靠强大的政府力量支撑着。2004 年银行改制，之后两年大多数银行成功上市，从此前途平坦。概念创新比产品和技术创新更加深层次。”

5 月 15 日微软 CEO 史蒂夫·鲍尔默（Steve Ballmer）一行来访，马云和各子公司总裁陪同。

下午，我陪马云赶往广州参加首届网货交易会。

第二天一早，网货交易会还没开始，我们开车路过会场附近，路边排着几里长的队，马云问：“这些人在干吗？”我说可能是来参加网货交易会的吧。马云很惊讶：“真的吗？哇！这么多人！”

交易会开始，马云在 20 位安保人员的护卫下，在一片欢呼声中艰难地来到会场。根据事先安排，马云要陪当地领导进行 15 分钟的巡馆。可当马云走到一个摊位仅停留了 5 秒钟，摊位就被涌来的人潮挤塌了，巡馆被迫取消。

下午，马云在馆内的大会议厅做了演讲，主题有两方面内容：“网货的一个重要使命是消灭暴利，一个小皮包卖几千元甚至几万元合理吗？

那都可以买好多头牛了！”台下一片欢呼。“我要提醒网商要诚信经营，不要造假侵权，要争创网货名牌。网上的所有交易我们都有记录，10年、20年都还在，大家要想清楚，网商要自重，要对自己和客户负责。”

结束前，马云还穿上古装在台上打了一套太极拳。

马云在广州首届网货交易会上打太极

会后我告诉马云，几千元一个的名牌包不是牛皮做的，马云说：“是吗？那我也没说错啊，我又没说是牛皮做的，我只是说几千元可以买头牛了。”说完哈哈大笑，马云的笑声总是很有穿透力。

5月22日在上海，我陪马云去东方航空公司跟上任不久的董事长刘绍勇谈合作，也了解了东航的很多情况。结束后，马云跟我说：“以后我们可以乘东航的班机了，今天跟刘董谈完我放心多了。哈哈！”之前马云不乘东航的班机。

当天中午，马云和史玉柱一起吃午餐，地点是新中国成立前黄金荣的住所，花园很大很漂亮，房子古色古香。

史玉柱是我最敬佩的企业家，我在内部分享时常说：“‘大起大落’每个企业家都能做到，‘大落大起’全世界做到的只有两个人，史玉柱和乔布斯。胜利的符号‘V’也就是‘大落大起’的图形，是为史玉柱定做的。”（我说的内部分享就是拉公司不同部门的同事一起吃饭“吹牛”。）

马云和史玉柱在里屋，我和史玉柱的助理及秘书在外屋。史玉柱的几个秘书是我所见过的秘书中最漂亮的，而助理则是最健壮的。

因为不跟领导同桌，我们吃饭就显得很轻松。我问其中一个秘书："小王，你的全名叫什么？"

"王菲。"

"哪个 Fei 啊？"

"就是那个王菲的菲。"

"干吗跟明星同名啊？"

"拜托！人家还叫王靖雯的时候我就叫王菲了，谁学谁啊？"

虽然每个知名企业家都有实力聘请漂亮又能干的秘书，但大部分情况并非如此。之前我认为那是因为企业家境界高，不以貌取人。我现在认为那不是"境界"问题，而是出于"无奈"。有的是太太不允许，有的是不好意思跟招聘的人说，有的……这些都是我猜的。

企业家们的助理大多很年轻，我一直以为我是最年长的。直到 2009 年 12 月，史玉柱阔别珠海 12 年后重返旧地，所有企业家到场祝贺，在聚会时我认识了均瑶集团的总裁助理老蔡。他比我年长，我总算有些欣慰，因为我是一个不愿做"第一"的人。老蔡口才很好，而且很"资深"，2004 年王均瑶英年早逝时，他已经是总裁助理了。

李连杰的几任助理都是美国长大的台湾人，前任回美国读 MBA 去了，后来的助理叫小邢，从小在美国跟华人习武，说话的声音和语气都很像房祖名。

我问他："你的声音很像房祖名，之前有人说过吗？"

"房祖名？我不清楚。"

"成龙的儿子，没听说过？"

"噢，Jaycee，我没有听过他的中文名。"他说，"有啊有啊，可能是因为我们说的都是台湾普通话的关系。"

5 月 31 日，我陪马云去杭州最好的一家私人诊所看牙。之前已经去过两次，看牙的是一位文静、漂亮的女医生，一直不说需要多少费用，她说给马云看牙是她的荣幸。后来我发信息给她：“朱医师，昨晚我梦见你了，是我该过来付钱了吧？”她回信息：“不用，等我梦见你了再来付吧。”

6 月 8 日，索罗斯来杭州，马云陪同他先参观了公司，然后在江南会给浙江的企业家们讲了一堂课。

提到索罗斯，可能大家脑海里立即会冒出一个词——“金融大鳄”。其实很多人都误读了他，那只是他的一面。他做的事也都是“游戏规则”允许的，用他自己的话说，无非是他拿“针”把“脓包”戳破，让你知道你定的“游戏规则”哪里有缺陷罢了。他说他在金融风暴来之前曾几次提醒另一位著名的犹太人格林斯潘，可是当时格林斯潘没有听他的，但卸任后格林斯潘跟他道过歉。此外，索罗斯还是一位大慈善家。

马云与索罗斯是在 2005 年的达沃斯世界经济论坛上相识的。那时马

马云和索罗斯在江南会大讲堂

云听了索罗斯关于世界经济形势的分析，发现许多想法与自己不谋而合，通过交流两人成了好朋友。

这次来杭州，索罗斯还带着两个儿子，马云陪同他们一起游了西湖，当晚索罗斯及家人就住在江南会。

6月20日，马云应周其仁教授的邀请作为唯一的校外嘉宾参加了北大MBA的毕业典礼。

马云演讲前，周教授说：“尽管我们之前给马云的演讲命了题，但大家千万不要幻想他会根据命题来讲。如果你们下次听到马云是根据命题来演讲的，请相信我那一定不是马云，可能是一个跟他长得很像的人，尽管那样的人也很难找……”

马云上台演讲的开场白是：“恭喜各位！祝贺你们毕业于一所伟大的学校，一所仅次于杭州师范学院的学校……”在座的学生都乐了。马云毕业于杭州师范学院，他在任何场合都说那是最好的学校。

之后，我陪马云途经香港去印度新德里，新德里的机场比杭州火车站还要热闹。由于我们对印度了解很少，所以安排了两位国际保安公司的人员在机场接我们。他们没有接机牌，我和他们打了招呼后准备上车，马云很惊讶：“你确定是他们吗？你怎么认识他们的？”

我说：“之前他们已把照片发给我，这是我的工作。”

印度很热，又很干燥，每天45摄氏度。其中一位安保人员头上还包着一个大大的头巾，看得我更热了。幸亏马云瘦，不太怕热。

印度最大的电子商务网站就是我们阿里巴巴。在做了一系列推广活动后，我们飞去印度的另一个城市。印度国内航班飞机很小，只有一个入口在尾部，从地面几个台阶就上飞机了，上飞机后发现里面和外面一样热，仅有的一位空姐告诉我们飞机起飞前不开空调，并建议我们可以先拿安全须知当扇子用。

飞机终于起飞了，天气很好但飞机很颠簸。因为马云和卫哲都在飞机上，所以我觉得很安全。

终于到了那个城市。我看到许多车从边上经过，很多车外面都挂着人，而车依然飞驰前行。

很遗憾，不论在新德里还是别的城市，都没有见到印度飞饼。

在印度期间，我去过一个中餐馆，我陪马云进去后发现餐馆从厨师到服务员都是老外，我觉得一定不正宗，建议马云去吃别的。服务员看出了我们的想法，很热情地用英文对我们说："虽然我们不是中国人，但我们做的是正宗的中国菜，因为我们老板是新加坡华人，尽管他现在不在。"

马云听了以后开玩笑说："既然是华人开的，那我们就试试吧。"结果菜确实做得蛮正宗。

离开印度之前，马云买了几包当地的盐带回国。

带世界各地的盐回家是马云的一大爱好，去俄罗斯、日本、欧洲各国都一样。在马云看来，收藏名表、名笔远不如收藏盐有意思。在马云家吃饭，当聊到某个国家时，比如俄罗斯，马云一高兴就会喊："上俄罗斯的盐！"

当一小碟盐上桌后，马云会要求大家都再洗一次手，马云带头用手蘸上一小点儿盐，放进嘴里细细品味。每个国家的盐虽然区别不大，但细细品味也确有不同。一边品着这个国家的盐，一边谈论着这个国家，感觉就是不一样。

各位，其实收藏要的就是一种情趣，情趣并不需要用"倾家荡产"来证明。即使你的收藏是马云"盐"的价值的一万倍，那又能说明什么呢？学学马云吧。

马云浑身上下都没有名牌，服装只要品质不错，舒适合体就好。马云喜欢的是“无名良品”。

马云说：“穿‘无名良品’才有初恋的感觉。”

我不解地问：“这话从何说起？”

马云说：“如果‘名’也正了，‘言’也顺了，那就是‘老婆’了，哪还有初恋的感觉呢？哈哈！”

7 月初，马云和郭广昌等企业家朋友去北极考察，我没有同去。在船上无聊时马云会讲故事，马云很多故事都只记得一半。有些故事我帮马云记着，所以马云忘了的时候会发短信给我，虽然就几个字，但我一般都知道是哪个故事，于是我发回几个关键词，马云就会立即想起来。

马云从北极回来的时候说：“有时很无聊，半天就看到一只北极熊。”

我开玩笑说：“马总，北极熊更惨，可能好多天就看到你们一条船。”

“是的，它们比我们更无聊！哈哈！”马云说。

关于忘故事的问题，马云有说法。他好几次在公开的演讲中开玩笑：“我这个人脑袋小，这有两大好处：第一，转得比别人快，别人转一圈，我已经转了两圈了；第二，存不了东西，不断清空，所以万一哪天被‘双规’了，我什么也想不起来。”

马云对历史很感兴趣，而且这些年越来越感兴趣了。马云在探讨问题时，经常会联想到历史。虽然他不记历史年份，但也有例外，我记得有一回马云说：“1069 年，王安石变法……”我当时想马云一定是随口瞎说了一个年份，于是我马上查了一下，希望马云是错的，这样我就有一次纠正他的机会。结果让我很失望，马云说的是对的。

所以，马云绝不是健忘，只是有时善忘而已。

于丹跟马云是好朋友，马云佩服于丹的记忆力和出口成章的能力，说她“念大段大段的美文好像没经过大脑一样，发来的信息也是文采了得”。

10 月 30 日，于丹应马云邀约来杭州江南会大讲堂上课，结束后在酒吧喝酒，很豪爽，还总是自称“本公子”。她经常约朋友一起出去玩，还爱玩刺激的，比如冬天去零下 60 多摄氏度的地方踏雪之类的。于丹同样非常钦佩马云，希望每次活动马云都能参加，可马云由于太忙，曾经爽约了好几回。于丹说：“马公子，你下回再敢爽约，以后我遇见所有爽约的人就对他说：你怎么能这么阿里巴巴呢？”

马云赶紧赔不是，双手作揖：“于公子，下回不敢了。”

马云的另一位女性朋友就是《赢在中国》的主持人王利芬，公司几次大型会议马云都邀请王利芬来参加或主持。2008 年 9 月天津达沃斯会议期间（那时我才知道，世界上除了施瓦辛格外还有施瓦布），有一天我去接马云，车晚到了 5 分钟，结果马云在宾馆大堂被粉丝们围住，王利芬在帮马云“招架”。好不容易上了车，王利芬说：“马云，你们几个都是上了我的节目后才受人追捧的。现在倒好，你被‘围’，我还得帮你当保镖。”

马云开玩笑说：“下次碰到这种情况我一定喊‘她是《赢在中国》的主持人王利芬’，也算我回馈你。”

“拉倒吧！”王利芬笑。

也许是马云和王利芬好几回一起参加会议被“火眼金睛”的“群众”看见，所以马云在 2009 年减持了一小点公司的股票后，就被离婚了一次，王利芬也成了马云被离婚的重点嫌疑对象。

马云很有女人缘。有一回马云在女企业家论坛上发言：“在座的都是女强人，中国历史上最强的女强人有两个，武则天和慈禧。男人和女人是完全不同的动物，看女人强不强，主要看她能不能欣赏男人、用好男人。把男人变得更男人的女人才是女人中的女人。从管理学的角度，那就是‘通过别人拿结果’。”马云接着说：“女强人往往在婚姻上都不顺，我告诉你们原因，男人就好比食堂里的大锅菜，很普通，但去晚了就没有了！女强人就好比是高级餐馆的高档菜，虽然好，但不见得有人会点，而且很快又被新菜取代了……”说得各个女强人笑得花枝乱颤。

11 月底，在北京忙完了一系列工作后，我陪马云去了香港。

这时是香港气候最好的季节，我每天上午 10 点去接马云，所以我有时间每天早早起床去爬平顶山。人不多，空气很好，向下看是维多利亚海湾。沿途大多是老外带狗狗晨练，偶尔也会碰见演艺明星在跑步。

山顶有一条环形的路，走一圈大概是一个小时。

马云多次约企业家朋友走这条道，边走边聊，由我掌握时间。如果有一个小时时间就绕一圈，如果只有半个小时时间我就会在 15 分钟后提醒他：“马总，向后转，原速返回。”这样就不会误事了。

2010 年及之后

2010 年 1 月底，春节临近。有一天，忙了一年的阿里云计算总裁王坚（现任阿里巴巴集团首席技术官）博士来跟马云告假。

马云非常赏识王坚博士，经常在背地里“恶狠狠”地表扬他。

他告假的原因也很特别，是要去美国开飞机。他从前在美国是一个飞行俱乐部的成员，但他没有说过制造“9•11”的那几个人是不是他的“同班同学”。

那天他说：“很久没有开飞机了，手都生了。”

马云说：“我也很久没开飞机了。”

博士很惊讶，问：“马总，你也学过开飞机啊？”

马云笑着说：“我是 40 多年没开了，哈哈！”

2010 年的春节马云没有在杭州过，春节前马云让我“代表我去看看坚守岗位的员工”。我有自知之明，我哪能代表马云？我如果到一个部门说：“我代表马总来看大家了！”一定让大家恶心一辈子。但我有自己的方法，我提前准备了马云的签名书，每到一个部门都把大家集中起来抽签，尽管每个部门只抽一本，但每位同事都会踊跃参加，抽到的同事都激动不已。

中央台樊导通知我2月11日晚上看《感动中国》，为让更多的同事接受教育，我在内网上发了帖《感动中国，让我们再感动一次！》：

樊馨蔓，作家，中央电视台连续8年《感动中国》总导演，昨天来电通知，2月11日，也就是明晚8点，2009年度《感动中国》将在中央台一套播出。

8年来，每一次春节前后都会收到相同的通知，并让我准备好毛巾……每年这个时候，我都会想起许多往事。2003年春节前，我在现场观看了第一期《感动中国》的录制。在现场，感动人物王选就坐在我前面，我几乎可以听到她的呼吸。王选旁边是刘姝威，再旁边是张前东……整个录制过程我被一次次感动着……《感动中国》的主题歌一次次响起，韩红演唱的，是我认为最好听的歌之一，写歌词的才女是樊导的密友，她说写歌词才华是次要的，主要是用心、用情：“……用第一抹光线的纯净，为世界画一双眼睛；用第一朵花开的声音，为世界唱一首歌曲……”

组成生命的元素很多，而那灵魂意义上的生命，是由一次次感动构成的。我喜欢“感动”这个词。前些日子我陪同马云去了湖南卫视，欧阳台长是一位才子，宋祖英当年的成名歌《小背篓》就是出自他的手。欧阳台长工作非常忙碌，可他不觉得累，跟我们交流时他说：“干活是累不死人的，主要是看你工作时能不能体会感动。”感动，让我们看到，这世界除了硬邦邦的规则、赤裸裸的利害，还有很多滋润人心的、柔软的东西。如果这种感动没有广为人知，是对美好的一种辜负。也许你正在为很小的事情纠结，别人比你先回家过年了，或者你因为值班没法回家过年，或者你一年来工作比别人努力而结果不如别人……不如明晚去感动一下吧！

2010年之后的故事更多，比如雅虎跟阿里巴巴的那些事，比如比尔·盖茨和巴菲特慈善晚餐前后马云做了些什么……

马云还准备出国游学几年："在别人讨厌我之前我先把自己'挂'了！"

我问马云："您去游学会带上我吗？"

马云说："有可能！尽管你的性别、年龄都不是我内心希望带的人。"

……

一切都还在继续，要写的还有很多。

第六章

兴趣和哲学

淘宝的武侠文化大家都知道，那是因为马云从小就是个武侠迷；而淘宝的倒立文化大家可能只是隐约了解。淘宝创立初期遭遇了“非典”隔离，为在狭小的房间里锻炼身体，马云带头倒立。而我认为那只是表面现象。再小的空间也可以有各种各样的锻炼方式，为什么马云偏偏选择倒立呢？因为马云从小就习惯“另眼看世界”，认为“倒立者赢天下”。

马云从来没有说过自己“不开心”，他说自己只有“心不开”的时候。而他通过和各种各样奇人异士的交往，通过佛教、道教以及东方、西方哲学的道路，悟出了属于他自己的管理之道和人生信念。

月真法师

马云对哲学的热爱由来已久。早在英语班时马云就说过：“‘佛’字为什么这么写？就是因为他一开始是人，后来‘弗’（不）再是凡人。”我还听马云说过：“人是未来佛，佛是过来人，佛也曾如你我般天真。”

马云很小的时候，逢年过节外婆都会带他去烧香拜佛，外婆跟其他烧香的人一样，拜佛时都是愿菩萨保佑全家平安、发财。而每次马云都会“纠正”外婆，说应该“保佑”菩萨们平安、快乐。如果菩萨也需要用钱，那就“保佑”他们发财。马云每次说起这件事都开玩笑：“菩萨如果自己都不快乐，他怎么给你快乐？他自己钱都不够花，怎么让你发财？换个角度想，大家都有求于菩萨，而只有你为菩萨着想，那菩萨最后会保佑谁？”就像现在，马云就把每个中小企业看作是心中的“菩萨”。

马云“心不开”时第一想到的地方是永福禅寺。永福禅寺位于杭州灵隐西侧石笋峰下，迄今已有1600年的历史。这里古木环拥，错缀修竹，境幽景深，很有世外桃源的意思。

方丈月真法师是马云的老朋友。他写得一手好字，临摹古代各大家的字都很有功底。另外，他还是一个建筑奇才。现今的永福禅寺，占地百余亩，有5个独立的院落。这些院落全部是月真法师独立设计的，而且是不出图纸就命人直接建造，结果都很漂亮。

月真法师算不算“得道高僧”我不知道，但他传禅的话对我吹牛很有帮助，比如：“禅就是所有智慧和慈悲的总和……”有时他又说：“禅就是要帮助除去一切人为制作的伪装……”有时他还这么说：“每个人心中都有盏灯，禅就是擦去灯表面灰尘的那一块抹布……”我觉得这句话跟苏格拉底说的差不多：“每个人心中都有太阳，问题是如何让它发光。”

月真法师曾经是天台山一个寺庙的住持，他带马云和我去过。他年轻时在天台国清寺里留下的照片跟马云很像，所以马云经常开玩笑地对月真法师说：“其实我才是你，你才是我。我在外面帮你做商业，你在庙里替我修行。这样想的时候我心里就踏实多了。”

月真法师常说：“修行也并不一定非要在寺里，在哪里都行。”

而马云却说：“那当然！想通一半的人才出家，全想通了就应该还俗。‘普度众生’在庙里怎么整？出去帮助千千万万的老百姓和成千上万的中小企业那才是‘普度众生’。”

马云跟人谈事情最喜欢去永福禅寺，我觉得原因有二：第一，外面去哪里找如此幽静可供交流和思考的好地方？第二，佛法里有很多哲学思想，与人探讨佛法比自己看书轻松得多，也有趣得多。

动物进化到灵长类之后就有了“公平”意识，给两只猴子各一串香蕉它们会很高兴，如果给其中一只两串，而给另一只三串，那它们会打得头破血流。马云认为这种“自我倾向”的“追求公平”的“进化”其实是一种“退化”，佛学和道家中的很多思想就是为了解决这类“退化”。

我们生活在一个获取信息最廉价而甄别真假最昂贵的时代。

关于李一

马云跟月真法师的交往比跟李一多得多。2010 年，当报道说李一“弟子 3 万”，连马云也已经“被拜师”时，他哈哈大笑起来：“如果李一是我的师父，那月真就是我爹。大家就是聊天的朋友而已嘛。”

所以，马云去重庆的道观和他去找月真法师的理由是相同的，就是去听听道家说的和佛家说的有啥相同和不同，“吸收精华，剔除糟粕”。马云前几年给一本书的推荐词是这么写的：“2000 多年了，道还是那个道，理还是那个理。”聪明人一看就明白马云推崇的不是哪个人，而是道家的哲学思想。

马云从来没有对任何人迷信过，但对很多人都很佩服，比如对月真的建筑天赋，对于丹的口才，对李一的记忆力，对王西安大师的武功，对刘谦的魔术……

“我要么迷而不信，要么信而不迷。”马云私底下开玩笑说。

早在 2005 年国庆节，马云就去过一次重庆缙云山。说起来，他去缙云山认识李一道长，和我还有一点关系。2005 年 9 月，《碧血剑》前期制作已经开始，部分人员已经赶往武夷山。而张 Sir 由于多年劳累，血压高了，心脏也不太好。在太太樊馨蔓的劝说下，他约了些朋友去重庆缙云山的白云观调养身体。

我们到山上时已有一些香港的老年人在辟谷当中，其中一位曾是皇家警察。辟谷一般是 7 天或 7 天的倍数，张 Sir 这次来要辟 14 天。其间只能喝水，其他一概不能吃。我当时是张 Sir 的助理，所以要上山“护关”，以防不测。

山上的那段日子是我觉得很快乐的一段时光。每天早上起来先练练行步功、导引术，然后吃早餐。这时几个香港老人也会打一点儿稀饭，坐在那里闻闻，不吃。

白天我用毛笔抄抄《道德经》，让道长们用通电法给我们疏通筋骨。

另外还可以打乒乓球。我比张 Sir 打得好一点儿，总是放高球给张 Sir 扣，有一回张 Sir 连扣四板，开心得像孩子一样。

站桩等功法也是每天的必修课。

门口有一条健康步道，用很尖的小鹅卵石铺成，光脚走会疼，但走完后脚底热热的，很舒服。

健康步道旁边的墙上写着《道德经》中的经典句子，我每天走过时念念记记，准备以后下山吹牛用。

山上做的菜很好吃，是给我们几个没辟谷的人准备的。吃饭时，张 Sir 有时也会来食堂转转，然后扔下一句：“一帮俗人！”

吃饭时间辟谷的人都会练一种功，说是练了就不饿，我没试过，但我相信。张 Sir 上山时比我重至少 10 斤，到辟谷第 6 天就跟我一样重了，裤子也系不住了。

我们在山上过的中秋节。皓月当空，我们谈古论今，非常惬意。不同的是我们“俗人”面前有月饼、水果和红酒，“仙人”们面前只有水。

辟谷期间象山的朋友带了很多海鲜来看我们，可把张 Sir 气得……便宜了我们几个“俗人”。

山上的那两周，在记忆中的确是很快乐的。我不仅可以跟偶像明星朝夕相处，一起打乒乓球，还可以很悠闲地看看《道德经》，领略尘封于史的智慧。尽管当时我被公认为“损友”：第一，我并没有认为通电治疗很神奇，因为很早之前我在峨眉山上就被通过电，而且我有位朋友的哥哥也会帮人通电疏通经络；第二，我知道人不吃不喝一般活不过 7 天，但科学上没有说过在可以喝水的情况下人活不过 14 天。至于“辟谷”到底有何益何害我不清楚，反正我不参与。

晚上李一道长会来讲课。李一的知识面很广，从《道德经》一直讲到量子力学，并且在哲学上也很有见地，我很喜欢听他的课。他有句话是这么说的：“世界上只有邪恶的女人，没有邪恶的乳房。”我不知道李一之前做过什么，但我对他传播的哲学思想并不反感，比如“物质是等待被释放的能量，能量是已经被释放的物质”。我觉得这是对爱因斯坦的质能方程 $E=mc^2$ 很不错的诠释。

后来马云联系我，开玩笑地说：“我来看看饿成猴子一样的张纪中。”然后他就上山待了一天。

2008 年 6 月，马云在杭州三墩召开 B2B 高层会议，这次会议上马云提出了云计算。当时反对的声音很多，我听了也觉得很有道理，但最后马云拍板：“我不知道云计算将来具体会有什么用，有多大用，但我知道的是我们必须马上做。云计算将来一定可以帮助中小企业。”

会议还有其他很多内容，但没有一项内容大家的意见是一致的。其中一项关键业务有人主张集中大量“优势兵力”快速“拿下”，有反对的声音说那是“杀鸡用牛刀”，马云在认真听取各方意见后说：“需要的时候，我们不但可以用牛刀杀鸡，还可以把导弹当鞭炮放！”

……

会议开得很辛苦，马云显得很累。

6 月 12 日会议一结束，我就陪马云动身去了重庆缙云山。

一到山上，马云的心情立马就放松了。我陪马云沿着竹林中的小路散步，空气清新中带着香甜，紫色的小花一路都是，路上几乎没人，蟋蟀的叫声在路边石缝里此起彼伏。

我发现马云对蟋蟀也很有研究，听着声音就知道蟋蟀的类型和大小，这让我很惊讶。我们就沿着山路抓蟋蟀，经过相当“艰苦”的努力，我们捉到了两只，装在了一节竹子里。马云还有声有色地跟我讲起小时候斗蟋蟀的故事。

斗蟋蟀在马云的童年记忆中印象是很深刻的，后来马云在改编电影《杨露禅》的故事时，杨露禅的出场戏就是小时候在斗蟋蟀。

之后马云在山上“禁语”三天。“禁语”也叫“止语”，佛教中也有，其实就是帮助平时繁忙的人静下心来，而后清楚地思考一些问题。

我认为，哲学思想跟任何领域都是相通的。记得有位著名导演在教演员时说过：“当你长时间地闭上你的嘴巴，你的眼睛就开始说话。”

第二天我心血来潮，写了张纸条给马云看：“我禁语半天。”马云看后

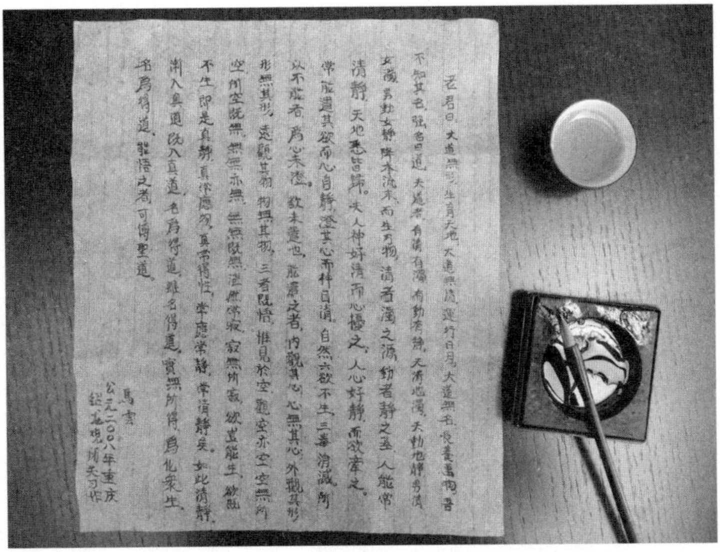

2008 年缙云山上，马云“禁语”时写的字

笑了笑。可我不到一个小时就忘了，说了一大堆的话。

马云每天起床后沿着院子散步，看看院墙上《道德经》中的句子，然后静静沉思。

马云每天还写毛笔字，刚到第一天他相对“心浮气躁”，字写得又大又不均匀，最后一天写的“蝇头小楷”，虽然字不怎么样，但很均匀，看得出心已静很多。

经过三天的禁语、冥想、调理，马云之前疲惫的面容又恢复了光彩。

马云自己也觉得冥想有收获，但临走前还是直言不讳地对道长说：“山上潮湿，连棉被我都觉得是湿的，就没想过房间里加个除湿器？还有，‘太乙殿’这么破破烂烂，这些都有悖于老子‘借假修真’的思想哦，哈哈！”

8 月 23 日，我陪马云到三亚，马云在自己家里又禁语三天，思考问题。马云对很多哲学问题都有独到见解，很少拘泥于别人的想法，哪怕是圣贤。

2009 年 7 月，公司将迎来 10 周年庆，马云想找个地方静下心来好好总结一下 10 年间走过的路，再想想公司今后的方向。于是，我陪马云又去了一趟缙云山。

马云在养生馆内静思和调理身体，我住在周边的农家。为了不打扰马云，我们之间有事都由馆内工作人员来回传字条。关于这件事我回杭州后在公司内网上发了一个帖，内容如下：

我给马总当“护法”——密文“比夫干”

马总平时工作节奏很快，人也很瘦，但每年体检血压、血脂……各项指标都和飞行员一样标准。偶尔去医院也只是看看那颗牙里的小“宠物”是否过得还好而已。

马总在静思的同时，每次还有方法对身体做一回全面的“加固”和“提升”，此所谓“性命双修”。有这么一句话：“伟大的思想需要一个健康的身体作后盾（Great mind needs a great body to make it most useful）。”马总深知这个道理。

静思的过程中我都见不到马总，只有对方的“护法”帮助来回递字条，处理公司急务。饭也是他们做，他们送。为配合养生，吃得比较清淡。马总尊重别人，但从来不盲从，在小节上更是不“循规蹈矩”。有一天吃得不好，马总又不能让对方“护法”看明白，于是传出一张字条：“火石泰叉，代良报够得比夫干来，厂与壹付内。趋丁劳绍灿刀张，美顿嘉米特。”我看了半天才明白。

还有一次，马总想提前走，于是又传出密文：“特毛宁醉累特仆累嗯徊航鸡店。”

事后我对马总开玩笑说：“我智商比较低，等我看明白，他们也破译了。不如像《潜伏》一样，拿两本一样的书，您找好字，编成密码传给我。”

马总想了想说：“那不行！万一半天找不到我要的字，那不耽误时间嘛。我另有一个办法……”

马总那两份密文您看懂了吗？最先答对有奖噢，真的！

（密文内容：1. 伙食太差，带两包好的牛肉干来，藏在衣服内。去盯牢烧菜道长，每顿加肉。2. 明天最晚的飞机回杭几点。）

闭关的某天晚上，马云突然跑出来对我说：“我们去吃夜宵，我饿了。”

“不是还没有结束吗？”我诧异地问。

“我自己觉得好了就好了。”马云说，“这几天，别人闭关，我是得安静。公司马上要 10 周年大庆了，这两天我把新商业文明想得更清晰了。”

我们找了一户农家宰了鸡，炖了肉，马云吃得很畅快。他接着说：

马云在阿里巴巴 10 周年庆典上讲话

“文明和智慧一样，不是谁发明的，而是被唤醒的，其实它一直都存在。所以阿里巴巴接下来的工作是要用已有的资本和信息的力量去唤醒新文明，并护佑它壮大。”

那天晚上，马云边吃边说了很多：

阿里巴巴前 10 年从无到有，今后 10 年要从有到无。无处不在的“无”。

“电子商务”将来是无“电子”不“商务”。

心中的责任有多大，舞台才会有多大。

所谓“功成身退”就是“身”可以退而“心”不能退。

“最佳雇主公司”的提法我觉得多少带有阶级矛盾的色彩，我们提出要打造“最具幸福感的公司”。

员工的“幸福感”哪里来？为未来做今天！

……

这些思想，后来我们在阿里巴巴 10 周年庆典上马云的演讲中听到了。由阿里巴巴提出的“新商业文明”中，也有这些内容。而这些，都来自于马云一个人在山上“禁语”时的思考。

回到杭州后，前面提到的《密文“比夫干”》的内网帖子还有后文。密文很快有同事“破译”了，于是马云兑现承诺奖励了第一位全部答对的同事一本签名书，可马云的题字又成了第二个密码，这回的奖大了——一套小户型精装修房两年免费居住权。密文见照片。

由于期限很短，在规定的时间内虽然答案五花八门，但没有同学回答正确，于是我就替马云公布了答案。密文的突破口是落款日期，第一行的第二个字和第九个字，第二行的第八个字，第三行的第一个字，第四行的第二个字，连起来是“贡西泥达堆”（恭喜你答对）。虽然没有同事拿到房子，但大家还是觉得挺开心的。

至于李一或者说道教的养生之说究竟有没有科学道理，这个问题我跟樊馨蔓辩论了几年，谁也没有说服谁。

中医源于道医，精华部分流传了下来，而糟粕在现代医学的验证下逐步被剔除。比如含有大量糟粕思想的“炼丹术”已被“妥善”归纳为“古人对化学领域的贡献”。

我认为世界上没有“超自然”的力量，只有“没弄懂”的现象。

世界上也没有科学不能解释的东西，只有科学“目前”还无法解释的东西。因为科学的本质就是永无止境地去发现未知。

道家养生学认为人体本身已“万法具足”，最好的“药”就是自己的身体。而现代医学认为病想好得快，就需要“维和部队”来帮忙。

密文

其实都没错。

而从事实来看，现代医学治病更快，并更具有“普适性”。

比如“人血馒头”也许曾经治好过个别肺病，也许有我们还不知道的理由。可现代医学攻克结核病后，一万人得病，一万人都能很快被治好。

道家养生学讲究“整体”，批评现代医学“扬汤止沸”。

现代医学更注重“对症下药”，“每个省都安定了，全国自然就安定了”。

我认为双方的理论都是完整的。

但“理论”和“实践”说不清哪个更重要。很多“理论”成了人类进步的里程碑，但很多时候“实践”又比“理论”更重要。当年邓小平用“一国两制”的理论收回了香港，其实“一国两制”谁都能想到，当年去菜场也能听到百姓说：“香港原先怎么样就让它怎么样，主权先收回来再说。”

邓小平的伟大之处其实不是提出“一国两制”的理论，而是把它变成一个“成功案例”。

当年我陪张 Sir 在山上辟谷，我提出的异议最多，被认为是“损友”。但这并不影响李一讲课的吸引力。

如果我说了算，我希望每次聊天李一都在。聊天的乐趣在于“听”到什么，而不是非要“学”到什么。如果每次聊天都能“学”到什么，“吸收”到什么，那就是一副没有判断力的烂肠子。（个人观点）

“禁语”心得

马云在缙云山的“禁语”结束后，我通过他的言语也悟到了一些哲理，不一定准确，说出来和大家一起分享。

马云从 2008 年起，就常说：“我反对一切职业经理人的思想。”难道马云无视职业经理人的技能？当然不是的，其实是因为很多职业经理人没有主人翁的思想，没有“根”，其实内心深处并不自信。还有，职业经理人在奉献技能的同时，更需要奉献真情，如果能做到真心奉献，内心就会很快乐。这也是马云将创业初期的口号“认真工作，快乐生活”改为“快乐工作，认真生活”的原因之一。“药王”之所以是孙思邈而不是李时珍等其他人，是因为孙思邈最有医德，他在《大医精诚》一文中写道：“凡大医治病，必当安神定志，无欲无求，先发大慈恻隐之心，誓愿普救含灵之苦。若有疾厄来求救者，不得问其贵贱贫富，长幼妍蚩，怨亲善友，华夷愚智，普同一等，皆如至亲之想……”那样才是“苍生大医”，否则，医术再高也是“含灵巨贼”。孙思邈对病人的态度不正是马云对所有中小企业的态度吗？我们要做的就是“苍生大医”！

马云希望所有同事都能对客户真心奉献，对自己的孩子马云也是这样要求的。我几次在他家，都听见马云拿电影《功夫熊猫》里鸭子爸爸的话给儿子做例子：“所谓秘方就是没有秘方。他给客人做面条时想的是当饥肠辘辘的客人吃到热腾腾的面条时的快乐和满足，于是他自己先快乐了，最后他把这份快乐也传递给了客人。”

马云还说过：“一只猪，当它长到了 5000 斤，那已经不是猪了。”

初听这句话不知所云。

有一位小经理，他有一位好员工，于是他很感激地写了一封信给这位员工的父母，感谢他把孩子培养得这么好，结果员工的全家人都很感动。

如果马云让人印了两万封一样的信发给每位员工的家长，家长还会这么感动吗？美国前国防部长拉姆斯菲尔德不就是因为给每位阵亡士兵的家信盖章了才招致全国民众唾骂的吗？

马云常说：“不要给失败找借口，要给成功找方向。”举个极端的例子，大多数人如果自己摔断腿是不会找借口的，而如果是被同事打断了腿而影响了工作那他一定会找借口。而马云认为从哲学的角度看，除了你自己的思想和灵魂外，一切都是客观存在，甚至包括你自己物质的身体，所以这两种情况的“断腿”本质上是一样的，那就是你没有看清客观世界。

马云之前说过：“我们为努力鼓掌，为结果付报酬。”

这句话初听起来有点太现实，太以结果为导向，直到我在马云的书上看到另一句话：“世界变成地狱的原因恰恰是有人试图把它变成天堂。”

所以，再好的出发点、再努力的过程，如果没有好的结果，那都没有意义，甚至反而是灾难。马云开玩笑地解释：“倾家荡产、妻离子散的赌徒，出发点也是赢钱造小洋楼，让老婆、孩子过上好日子。”

三亚休假再“禁语”

2009年1月底，我陪马云在三亚休假，其间马云自己先“禁语”三天，而后请王西安大师来教了三天太极。“禁语”时因为不能说话，我空时搜集一些笑话，写在纸上拿给马云看，另外还写了一篇关于鹰的故事。马云看完后在文章上写了“aliway”，我明白马云要我把文章发到内网以激励员工。这篇题为《后天蜕变的典范——鹰》（见附录）的文章我自己很满意，如果有可能，以后就刻在我墓碑的背面吧。

休假期间，每天晚上6~8点马云都要“急行军”，沿近一公里的环路走上十几圈，我和另外一位同事陪马云一起锻炼。马云越走越快，我们艰难地跟着，仿佛天空就是被我们一脚一脚踩黑的。后来实在跟不上马云，我们就每人各跟一圈，轮换着。

有一天晚上，天已很黑，马云带我们在沙滩边散步，突然发现一个女子独自静卧在沙滩上，一动不动。

我们慢慢走近，越走越近，那人还是一动不动。我们有些害怕了，还好我们有三个人。走到一米开外，借着远处的灯光，我们还是分不清那是人还是沙雕。最后我们确定那是沙雕，沙雕做得太逼真了，一定是专业人士干的，逼真到你摸着她的腿时都有犯罪感。沙雕女子身材很好，屁股很翘，头像是埋进沙里的。

我们看了一会儿准备离开，马云说我们走远一点，看看别人经过时的表现。

天已很黑，人也很少，我们等了很久才来了两拨人，他们的表现几乎跟我们一样。马云乐了，开心得好像回到了孩提时代。

这次在三亚，马云还说了好些我没听懂的话。马云见我迷茫，就说了一个很童真的想法："陈伟！如果真有上帝，你猜他每天都在干什么？我猜上帝每天主要干的事就是白天发灵魂，晚上收灵魂。"马云边说边笑着用手比画上帝发灵魂的动作，又说："那他来得及吗？应该还有一个自动收发灵魂的机器！哈哈！"

在很多公开场合马云都说过："竞争是一件很快乐的事，让对手去生气，对手生气的时候就是你快要胜利的时候。"我认为这句话就是马云对《道德经》中"善为士者不武，善战者不怒"的感悟。

马云的活学活用让我想起毛主席的一句话："深挖洞，广积粮，不称霸。"当年朱元璋打天下时有一位儒生"顾问"朱升也送给朱元璋九个字："高筑墙，广积粮，缓称王。"我认为当年毛主席一定是觉得美帝国主义已经有了原子弹，"高筑墙"已经不够安全，才改为"深挖洞"的。

马云活学活用的例子还有很多。

马云认为，毛主席的军事思想"在战略上藐视敌人，在战术上重视敌人"，把其中的"敌人"改成"自己"同样好用——"在战略上藐视自己，在战术上重视自己"。这就是为什么马云常说"我们都是平凡的人，我们要一起去完成一件不平凡的事"的原因。

记得有一次，公司有一位非常有能力、但有一点“个人英雄主义”的领导向马云汇报完工作，马云说：“工作做得不错，但是我刚才听到的都是‘我’，我希望今后听到的是‘我们’和‘我们团队’，而且要发自内心的。”

马云常说的还有一句话：“工作本身是没有意义的，意义是你赋予它的。”这句话其实积淀了马云很深的哲学思考。

哲学家罗素曾说过：“人类所有成就的殿堂都将消失在宇宙废墟的瓦砾中。”爱因斯坦也曾经说过：“从广义上来说，人类的生存和发展也是毫无意义的。”基督教为什么追求“审判”后的“永生”，因为他们认为没有“永生”就没有“意义”。

简而概之，马云看到了有些哲学思想会让人走向极端的消极，所以他认为只有培养积极的欲望，才会有积极的人生，只要你赋予了生活与工作积极的意义，生活和工作就会有意义。马云常说的另外一句话，我认为也是基于这种思考：“我们并不在乎你知道多少，我们只想知道你有多在乎。”

马云读《道德经》

马云的工作包里总是放着几本书，别的书换得很快，而其中一本书一直没换过，是一本最薄的《道德经》。薄是因为没有注解，马云不希望看到别人对《道德经》的理解而影响自己的感悟。

2010年温哥华冬奥会的开幕式点火仪式时，其中一根“冰柱”没有升起，在全球一片骂声中，组委会修改了闭幕式的内容，让小丑上台“修好”了“冰柱”，结果全世界都原谅了勇于承认错误的加拿大人。马云在家看了闭幕式后突然说：“我明白老子说的‘大盈若缺’了，如果开幕式上没有发生意外，表面上看很完美，而结果谁也记不住这次点火。”马云接着说：“其实很多事情都是这样，足球比赛的每一个经典进球都需要有对方守门员的失误做‘陪衬’，大家都完美就没有完美了。”

马云有一次看《道德经》时突然很兴奋地说：“哎呀！这哪是我在读老子，明明是老子在读我，而且他读到了我内心的最深处。”这跟“郭象注庄子”有些相似了。马云有一次跟我说：“2000 多年对一个人来说太久了，但对一个物种来说却是一刹那。2000 年来知识大爆炸，但智慧还是那些智慧，古圣人完全能够解读今天的人心。”

马云不仅是哲学“爱好者”，更是哲学思想的“实践者”。比如马云对“进攻是最好的防守”的实践。

当年公司 B2B 做得不错，但为了预防 eBay 从 C2C 全面进入 B2B，马云创建了淘宝网，结果很快把 eBay 挤出了中国。接着为预防 PayPal 掌握淘宝的支付，马云又创立了支付宝，而支付宝走向世界已是迟早的事。

马云一直强调：“淘宝要不断创新，支付宝更要创新，千万不要把支付宝做成银行的模式。”

有一回我私底下问马云：“银行建立和发展已经这么多年了，该创新的银行早都创新了，我们真的还能再创新吗？”

马云没有正面回答我，说了句：“音符只有 7 个，而音乐家有千千万，你怀疑过他们还能写出新歌吗？”

从哲学理论的角度，创新是无止境的，只是难易的区别罢了。

还有一次我问马云：“您常说‘运气是实力的一部分’，这句话我不是太理解。”

“你真的不理解吗？”马云说，“假如有一天淘宝网的总裁和副总裁及所有高管同时离职，你也没有机会做淘宝的 CEO，‘运气’不会降到你头上，因为你不懂淘宝网。哈哈！还有，你听过马克·吐温和贝尔的故事吗？”

当年马克·吐温热衷投资科学发明，可每次都投资失败，他灰心了。当再有一个年轻人背着一个奇怪的机器希望他投资500美元时，他拒绝了，为了不伤害这位年轻人，马克·吐温最后说：“祝你成功，贝尔！”这个贝尔，就是电话的发明人。

从表面上看是马克·吐温“运气”不好，而实质上是马克·吐温不具备判断科技创新的“实力”。

马云一直认为阿里巴巴不是一个企业，而是一件艺术品。在杭州看了吴冠中的画展后，马云说：“我现在认为，画家玩的是定格在纸上的艺术，导演的艺术则固化在了胶片里，而我们做的是‘行为’艺术。我们的变化多，但好处是我们能改而他们改不了。哈哈！”

阿里巴巴文化中有很重要的一条是“拥抱变化”，不但要“拥抱”外界的“变化”，还要“拥抱”领导改变主意的“变化”。马云是一个有错必纠的人，他常说：“我又不是神仙，发现错了再改嘛。”

有一回，一位副总裁对马云说：“马总，你今天跟我说的和上个月说的不一样。”

“按照今天说的做。”马云开玩笑地说，“你应该高兴才是，因为你的老板我，比上个月懂得更多了！”知错就改，因为马云清楚，方向比努力更重要。

马云对招聘非常重视，还创新设立了“闻味官”。招聘人的部门领导和领导的领导都通过了，“闻味官”也可一票否决。“闻味官”都是经验丰富的老员工，他们的作用就是判断被招聘的人是不是有相同价值观的“同道中人”。

“嗅觉”最灵敏的当然是马云自己。记得2009年年初，我陪马云去B2B上海分公司，从大办公室走过时，我看这里的员工见到马云跟其他地方的员工一样热情、惊喜。可马云却走进主管的办公室，关了门对主管说："你们这里有问题，你告诉我发生什么事了？"

主管非常惊讶："今天早上是出了点事。马总您怎么知道？"

"我觉得员工的热情背后有一丝不安的情绪。"马云说。

我当时也非常惊讶，因为我完全没有察觉到有啥异样。类似的事情之后还发生了好几回，这是我永远也学不会的，崇拜一下就好了。

在马云的哲学思想熏陶下，我对世界也有了一些思考，写了一篇题为《亚当犹豫了》（见附录）的文章发在内网上。我自己觉得那是我写得最好的文章，以后可以刻在我的墓碑上，如果他们觉得字太多，那就刻个链接吧。

我发现一般的企业主和企业家的区别是，企业家更懂得感恩，而不是认为自己能干。马云就特别感恩这个时代出现了互联网："早几年或晚几年我都不可能有机会。"同时马云也真心地感谢政府："如果还是'文化大革命'，'不读 ABC 照样干革命'，我肯定是每天挂着牌子被学生斗，再有想法都白搭。"

第七章

马云的太极梦

现在，打太极成了马云的主要健身方式，他经常是边走路手上还边做着动作，而且太极中的哲学思想也让马云有了更深刻的感悟。比如说“中庸”。“中庸”一词有各种解释，马云认为“中”是动词，“打中”;“庸”是“恰如其分的一点”，“中庸”就是“打在恰到好处的那一点上”。

马云认为太极拳是以拳术来表达太极思想，每一招都既可攻又可守。任何招都有解，也就是说“没有绝望的境地，只有对境地绝望的人”。

马云正致力于太极文化的推广，请注意，这不是一套拳法、一种武术的推广，而是一种哲学思想和生活方式的推广。

40 岁再练太极

之前说过，马云在 2008 年最后一天给我一项任务：“找最好的太极师傅。”

马云小时候跟杭州一位陈老太太学过很多年太极。陈老太太练的是“杨式太极”，她功夫了得，在 70 岁时对付两三个小伙子都没有问题。马云说：“陈老太太很早起床，在打太极前总要闭上眼睛在公园里静静站一会儿，我问她这是干什么，她说她在听花开的声音。”

2009 年 2 月 4 日，我陪马云去上海开会，晚上我独自去参观了之前网上查到的一个太极馆。我虽然从来没有接触过太极，但两个小时下来，总觉得跟我想象中的太极思想不太吻合，尤其是“凌空劲”（就是身体不接触而把你打倒）的表演。我是个唯物主义者，当年学的是理科，而且还得过浙大运动会两届三级跳远的冠军，所以我认为：1. 不存在“凌空劲”，如果有，全世界的科学家早就震惊了；2. 没有大家想象中的轻功，如果你能跳过 2.46 米，去奥运会上破了世界纪录比你怎样苦心推广都要有效 10 万倍；3. 人在水里不能憋气两小时，因为吉尼斯纪录不到 20 分钟，否则早就能“为国争光”了。

于是我决定去一趟太极发源地——河南陈家沟看看。

之后马云的一个朋友也想学太极，为了练习方便，希望场地就在上海，于是我把上海的那家太极馆联系方式发给马云，马云转发给了他。据说他以后一直就在那家练着。

只要能动动身体，练真的或是假的，遛狗或是跳舞，对身体都有益无害，我认为。

2 月中旬，马云在北京忙完一系列工作后去了日本。同一天我飞往河南。去之前我就告诉河南的朋友：“找最好的太极师傅，第二名都不可以。”

在温县体育局寇副局长的带领下，我们先参观了太极发源地陈家沟。

马云在陈王廷创拳处

我第一次见王西安大师

在陈家沟我们拜访了王西安大师的徒弟，当地“八大天王”之一的张福旺。之后我们去温县吃中餐，温县县城和陈家沟很近，就十几分钟车程。

我原先以为太极拳是张三丰创的，就像以为包公斩过陈世美一样。而其实这两件事情都……

“王西安拳法研究会”设在温县的“太极武术馆”内，我们中饭后前往拜访陈式太极第19代代表人物王西安大师。“太极武术馆”略显陈旧，武术馆前有一个小广场，当天天气很好，有很多小孩在练习太极。练套路、练剑的都有，还有金发碧眼的女老外。

当天王大师着一身白色的太极服，坐在门口看大家练拳，虽然已有67岁高龄，但看上去要比实际年龄年轻得多。之前徒弟们提醒过我王大师不太喜欢搭理生人，可是跟我却一见如故，在跟我讲解了太极的历史和文化后，还演示了几个太极的技法。

整个过程中，“王西安拳法研究会”的阎会长一直陪在王大师身边。她从前身体不好，是个“药罐子”，跟王大师学了十几年的拳了。现在，用王大师的话说，“就是个铁疙瘩”。

当时碰巧有记者陪女儿在练拳，就问了我几个问题，其中有：“你们一个现代网络公司为什么会对太极这么感兴趣，千里迢迢赶来拜师？”我说：“越高的树越需要根的营养，越新兴的企业越需要传统的智慧……”结果这些话都出现在了当地第二天的报纸上。

4 月 3 日马云从香港到三亚，我提前一天到，邀请王大师和阎会长来三亚度假，同时也向王大师学习太极，总共逗留了 4 天。

我是零基础，主要任务是记住动作，顺便听听马云和王大师聊太极的故事和哲学思想。

马云基础好，一点就透，尽管这第一次的学习才学了不到 20 招，但马云心情舒畅，看得出他很满意。

4 月 13~15 日在杭州，组织部人员集中开会 3 天。由于刚接触过太极，比较兴奋，会议中途休息时我就跟同学们吹“太极”牛。于是马云让我上台打一遍，然后他自己上台再打一遍，大家都看出了天壤之别。事后

马云在三亚练习太极拳法

马云对我说："你练了三四天太极就开始吹牛啊，我如果不压压你，你很快就要带出 18 代徒弟，误人子弟！哈哈！"

之后打太极就成了马云的主要健身方法。

听马云讲了太极的"中庸"思想后，我对"世界足联"启不启用"鹰眼"的争论有了新的认识。我认为那是对"公正"和"热情"进行"度"的把握。如果一场足球赛要暂停很多次去看"鹰眼"，观众的热情被一次次打断，以致最后没有了热情，那么再公正的比赛也没有了意义。（个人观点）

记得马云在练拳期间问过王大师："您和您的两个儿子在太极的造诣上谁更高？"

王大师说他虽然武功很好，但由于文化水平不高，表达不清楚，所以他练太极走过很多弯路，是经过无数次的错误才一点一点悟出来的。而他的两个儿子在他的教导下没有走弯路，所以十几岁开始就已经打遍天下无敌手了。

马云沉思了片刻后，提出了自己的看法。马云认为，王大师的太极造诣更高，如果哪一天遇见水平相当的对手，王大师能很快找到胜敌的方法，而他的儿子未必。

马云之前常说："假如我要写一本书，我就写阿里巴巴的一千零一个错误。"现在明白了，有些错误是必须犯的，而且越早犯越好，马云说："顺风顺水成就了我们的事业，逆风逆水成就了我们的人。"马云认为两种成长缺一不可，如果之前都是拍脑袋选对了方向，"事业"是发展了，而"人"没有成长，那你总有一天会出错，而越晚出错损失越大。

也许老子的"大直若屈"讲的就是这个道理吧。

有一回马云说："王宗岳的'太极拳论'，还有陈鑫等人的太极理论，里面有很深的哲理，比如'虚灵顶劲，不偏不倚'的思想，'一羽不能加，

传太极到印度

蝇虫不能落’的敏捷，这些不光对练拳，对企业的管理和发展都有很大的指导作用。”马云接着说：“陈伟，你记忆力好，我希望你是公司第一个会背‘太极拳论’的人。”

马云有一段时间真是拳不离手，在室外只要发现一块平地就想打两下，出国也一样。照片上就是马云在印度时，有一回在寺庙里打太极，还引来僧人跟学。印度人把瑜伽传到了中国，而马云是把太极传播到印度的第一人，我这么认为，哈哈！

关于太极和瑜伽，我和公司里的美女们还有过辩论。

她们说的都是广告词：“瑜伽是一种生活方式，健身又健心。”

我说：“瑜伽充其量只能做到‘知己’，而太极是‘知己知彼’。”

她们说：“一次瑜伽，一次心灵的卸妆。”

我说：“一次太极，一次灵魂的裸奔。”

……

太极文化与阿里巴巴

2009 年国庆节，当王大师第三次来教拳时，马云决定为弘扬这一国粹做点贡献。

首先在公司内部推广。马云邀请了王大师的冠军徒弟们来杭州教拳，我在内网上发了报名帖。

报名和马总一起打太极

（开两班，2009 年 10 月 19 日开打）

中国传统文化博大精深，太极是其中的代表。

太极拳第 19 代正宗传人、河南陈家沟的王西安大师是马总的太极老师。王西安太极研究会将在杭州成立分会，分会成员将全部为阿里巴巴集团员工。王大师培养了许多全国冠军，还有不少洋弟子也是他们国家的冠军。王大师一手教大的两个儿子王占海和王占军更是功夫了得。20 世纪 80 年代开始，王占海就雄霸武林，而王占军从 16 岁起就打遍天下无敌手，独孤求败，傲视武林很多年！练太极不仅能“健其骨”，其中的道更能“明其志”。马总有今天的成就，究其原因有一万零一种说法，其实那些都是表面的，真正的原因只有两个：在西湖边学了十几年的英语；练了近十年的太极！阿里巴巴是一个武侠色彩很浓的公司，现在大家有机会练真功夫了！王大师将派其高徒来杭教学，他本人和阎会长也会不定期地莅临指导！有许多太极爱好者想见王大师一面而不能，更不要说让大师指导几招。更让人兴奋的是，马总也会来观摩大家练习！所有学员按辈分都叫马总为“师叔”。马总有一个愿望，希望有朝一日大家这样评价他：马总是一位太极大师，他也曾创办过企业，比如阿里巴巴，比如淘宝网……

从某种意义上说阿里集团就是太极哲学思想在网络时代“野蛮生长”的副产品。等学有所成，马总将带领大家参加武林大会！还会有那么一天，对“拳打北山幼儿园，脚踢城南敬老院”的武林败类，公司将派出学得最差的学员背着药箱、抬着担架去教育他们，还武林以洁净的天地。这项社会责任是否归纳在新商业文明中我说了不算。回帖报名，截止日期根据报名情况而定。年龄不限，性别不限，基础不限（目前只限杭州，但滨江和城西会分班）。毛主席说过，一张白纸能画最新最美的图画！从今往后，我们就是正宗太极21代传人了！阿里巴巴10年告诉我们一句话：我们没有什么做不到！

报名非常踊跃，人数很快超过了400人，为保证教学质量，被迫提前截止报名，其余同学待到下一期。

第一天上大课，我遵马云的指示告诫同事们：“练太极贵在坚持。可以想象50年之后一定会出现这样的场景：一群鹤发童颜的老年人，练完太极一起去医院看望一个奄奄一息的病人，病人身上插满了管子，他艰难地对医生说：‘这几位都是我当年在阿里巴巴的同事，我们一起练的太极，可惜我没有坚持。’”

马云没有食言，尽管工作很忙，城西和滨江两边马云都去看过同事们练拳。

由于同事中还有更多想学太极的，2010年春天又办了一期太极班，目前学过太极的同事已近1000人，其中包括不少高管，比如彭蕾。

彭蕾是集团里我最崇拜的女人。当年她在浙江财经学院当老师，然后就“稀里糊涂”地跟着马云一起创业。她跟随马云的时间很长，从1997年马云带人去北京和外经贸部合作的时候起，她就是团队中的一员。我一直搞不懂，一个年轻女教师，这些年下来就变成这样，干什么工作都能做得风生水起。她本来是集团首席人力官，在这个职位上做了许多年，阿里巴巴的企业文化和价值观建设一直是在中国企业中别具特色的，这里面有她巨大的功劳。本职工作做得好也就算了，结果她刚被调去做了一年的支付宝总裁，就天天听马云表扬支付宝，彭蕾现在是阿里巴巴小微金融服务集团 CEO。

彭蕾工作很忙，我专门安排太极教练“上门教学”，一周两次。我偶尔遇见彭蕾时她会说：“教练夸我练太极有天赋哦。”其实教练跟谁都这么说。

马云·太极·电影·李连杰

2009 年 5 月，我陪马云去北京，马云下飞机后兴奋地说：“我在飞机上想了个太极故事，我觉得可以让华谊拍成电影。”

为了此事，马云在北京工作间隙，邀请作家沈威风共进午餐。我认识沈威风是在 2009 年 2 月。春节刚过的一天下午，马云把我叫到他的办公室，说：“给你个任务，晚上陪沈威风去吃个饭。我提醒你，别把人家当作公司那些叫你‘陈爸’的小姑娘，人家可是知名作家，写淘宝的那本书《倒立者赢》也是她的作品。”不过后来交往久了，她终于也叫我“陈爸”了。这是后话。

马云先把他在飞机上想的故事说了一遍。故事发生在河北沧州府，几个小孩看人斗蟋蟀，其中有个叫杨露禅的。那边京城王府的四大金刚在摆擂台，无人能敌。卖蟋蟀的叫价两钱银子，杨露禅没钱买，于是愤然去打擂台，10 岁的小孩以一敌二，一鸣惊人……后面的故事当然跌宕起伏，加上马云绘声绘色的讲述，大家都觉得非常精彩，很有画面感！在我们的想象中，电影结束之后，屏幕上会出现一串长长的名单，从太极宗师开始到第N代传人……沈威风说，最后一个名字就是“马云”！

马云说完之后，大家就开始天马行空地编，每编出一个亮点，马云都会兴奋地哈哈大笑。马云说：“……再说服几个知名的企业家朋友客串，每人一句经典台词，比如李书福演黄包车夫，史玉柱演算命先生，王中军反串慈禧……当红明星也上阵，像范冰冰那样的，就演一个丫鬟，一出场，观众正期待呢，一转眼走了，一句台词也没有……”

沈威风是个女孩子，所以她给这个故事贡献了一个柔情似水的小师妹的角色，而我则建议杨露禅的父亲在故事里要“语重心长”地讲许多错误的道理给儿子听。

对于把太极宗师杨露禅的故事搬上大银幕的事情，马云是非常认真的，从编出那个故事开始，他就一直在为此做准备。著名的华语电影导演，从李安到冯小刚，都被马云打过主意。

2010年4月1日，马云约了李连杰、王中军、沈国军还有华谊的编剧们来到太极拳的发源地陈家沟考察，我提前一天到达做准备。

在陈家沟“祖祠”

马云这次专门来河南陈家沟，不仅是想让更多企业界、娱乐界的老板和明星们了解太极，为拍太极的电影做准备，也是为了实现自己的梦想——他早就希望能够到太极拳的发源地来看看了。

我们在王西安老师和王占军等人的陪同下，参观了太极拳祖祠、中国太极拳博物馆、东沟、杨露禅学拳处等地。

随后，大家还观看了当地太极武校专门为我们准备的一场太极表演，表演者个个身怀绝技。由于时间的关系，很多全国冠军都没来得及上场表演。

把太极推向世界

太极还让我真切明白了什么叫“民族的才是世界的”。

马云有位香港的企业家朋友，有四五个孩子都在国外念书，这位企业家很“自豪”地说：“这些孩子都国际化了，基本上可以与国外孩子打成一片。”

而另有一个男孩，六七岁时就开始跟王大师学太极，后来拿过多次全国青少年组的冠军。2010 年他留学加拿大，刚去时英语口语还不是很好，可所有国外的孩子都叫他“师父”，要跟他学拳。这次马云把他介绍给华谊，他有可能会在电影《杨露禅》中出演重要角色。

相比较到底谁更能“融入”世界，更“国际化”呢？

马云查资料还发现，近代的一些领袖人物，比如孙中山等，在当年最危险的时候，贴身保镖都是太极高人。于是马云又开始编下一个故事。

马云有很多文化界的朋友，比如《奋斗》的编剧石康，还有《暗算》的作者麦家等。马云抽空编编故事，再打电话跟作家们讨论讨论，这已成为他工作之余放松的一个习惯。有一回我听马云打电话跟麦家探讨故事，谈完后马云说："对了，前两天我刚看了你的小说，刚看到兴头上，没了！怎么回事？"当听说接下来一本还在写，书还没出呢，马云急了："那怎么办？要不后面的故事你先讲给我听吧，就现在。"

2011 年 1 月 3 日下午，我陪马云去永福禅寺，和麦家一起喝茶聊天。马云讲了一个故事：李克农的一支太极队伍，1945 年秋天在重庆保卫毛泽东，跟戴笠的特务殊死争斗。这支队伍后来在 1949 年年底护卫毛主席去俄罗斯，捣毁了毛人凤特务组织的暗杀行动。马云表情夸张，肢体语言丰富，讲得惊心动魄，而且故事人物都有名字。

马云讲完后，麦家说："这些事我怎么不知道？"

"你当然不知道，是我这两天编的。"马云笑着说，"但那时候一定有类似的事情发生，我是希望你能把故事丰满、完善……"

"故事的架构已经非常完整，只要加点细节就可以了。"麦家说。

其实马云和我都明白麦家之前就知道故事是编的。他对那段历史太了解了，我们问他戴笠是啥时死的，他马上告诉我们是 1946 年 3 月，根本不用想。

当听说麦家大学学的也是电子、跟我一样后，我对写好文章有更大的信心了。

前些日子我发信息给麦家："阳光灿烂，美女如云，龙井老地方，来不来吃饭你自己定。"

麦家回复："偶可怜！被关在山上写《风语 3》，一个月后我会去找组织的。"

马云还畅想今后每年在西湖举办"西搏会"，在西湖里搭一个比武擂台，奖金丰厚。通过一一对决，谁把其他所有选手都推到西湖里，谁就是"太极王"。

有马云的热心推广，太极今后出现任何"状况"我都不会惊讶。

| 第八章 |

社会责任和阿里文化

2008年汶川大地震，对于所有的中国人来说，都是一个巨大的伤痛。那时候，我在马云身边，看着他焦急、伤痛、努力地做许多事，也承受着许多非议。阿里巴巴公司在灾难发生之后迅速地做了自己该做的事，直到今天，还在为灾区的重建做着自己的努力。最让人感动的是，公司社会责任部到现在还每月组织员工去四川当志愿者，员工利用的时间是自己的年假，而且来回的差旅费都是自理的……

国殇

2008年5月12日注定是不寻常的一天，那天我和马云一起在莫斯科参加ABAC会议。上午10：30过后（莫斯科和北京有4小时时差），会议中的马云不断收到国内朋友发来的信息：北京地震了，上海地震了，杭州地震了……后来李连杰来电确认地震中心是四川。

马云打断了会议，说："各位代表，对不起，我打断一下，我的祖国半小时前地震了，很大的地震……"

秘鲁的轮值主席说："听到这一消息我很难过……待情况明确后，我们看能做些什么。"这也许是5·12大地震发生后在国际性会议上最早被提及。

马云当天决定以个人名义先捐款100万元。

之后的几天，马云跟国内保持着高密度的联系，时刻关注着救灾工作的进展。当听说灾区急缺帐篷时，马云马上打电话给阿里巴巴公司的社会责任部："一天之内把能买到的帐篷全部买下，不计成本，想尽一切办法火速送往灾区。"

马云比原计划提前回国，一夜没睡，早上 8 点发着高烧召集集团高管开会，布置工作。

可也就在此时，有媒体别有用心、断章取义地搬出早几年马云说的"在聚光灯下捐一元钱"的话，大肆歪曲事实，说马云号召每人只捐一元钱。其实当年马云的意思是：捐赠慈善是每个公民的义务，也是美德，不论数量多少。不要因为公开了有钱人捐的大数目而影响百姓参与慈善的积极性。

当时公司全体员工都对这些歪曲事实的报道表示愤慨。我们也担心马云已发烧的身体会扛不住，这时马云说："如果一只鸟每天只想着去梳理自己的羽毛，那它很快就要完蛋了，因为一盆脏水就可以毁了它。随他们说吧，总有潮水退去的时候，到时候我们会看得清清楚楚谁没有穿短裤。"

5 月 23 日，李连杰从灾区回到上海补发救助物资，我陪马云赶去上海金茂大厦跟他会面。李连杰显得很疲惫，嘴唇是干裂的，和一个多月前在博鳌时已判若两人。但他说话时眼神依然如虎豹，炯炯有神。

他告诉我们许多灾区的情况和亟须解决的问题：灾区吃的已没有问题，帐篷也基本够，目前需要大量尸体袋，因为暴露的尸体已开始腐烂，如果疾病蔓延，后果不堪设想。另外，需要大量卫生巾，那是超大号的创可贴，很好用。很多去"心理救助"的大学生不适应，面对这样惨烈的现状，凭已有的那点知识是不够的，晕了，吐了，哭了，有的还要满身鲜血的灾民反过来安慰他们……

李连杰是一个真正的战士！他语速很快，很坚决，就像回到大部队来搬子弹马上又要回前线的军人。

通过交谈，马云意识到救灾工作的艰巨性和专业性。他马上找到相关的专家，再根据我们自己的优势，迅速制订了一系列的救援计划。

除高管们自己捐款外，公司还设立了 2500 万元专项救助基金。

在支付宝页面上开设的捐款窗口，很快筹集到了来自公司员工和客户的捐款，总共超过 2600 万元。

马云还派集团高管带队，一次又一次押车运送急需物资进入灾区。

……

灾后重建

2008 年 6 月 2 日，马云和民营企业家及专家们在廊坊开会，共同探讨灾后重建的工作。我记得那天中央电视台的主持人沈冰也在场。

马云从专家那里了解到，灾后重建，特别是心理重建，一般需要 7 年时间，所以公司制订了 7 年援助计划。马云说，如果 7 年不够，我们再加 7 年。援助内容包括给当地留任的教师每人每年补助 2000 元，帮助当地的电子商务发展，把灾区的农产品借助淘宝网卖向全国，在当地建办事处，招募当地残疾青年加入阿里巴巴……

当年发生的一些事至今还让我记忆犹新。

有一天，马云让公关部写篇稿子号召阿里巴巴的会员共同加入救灾行动。马云看了稿子后对负责公共关系的副总裁王帅说：“这篇稿子不足以表达我现在的心情，也不够有号召力。”

“那你……您！再指点一下，我回去重写。”王帅跟马云说话时经常“你”、“您”这样纠正的。

“我知道你已经忙得焦头烂额了，你能不能找文采好的记者朋友帮你一起完成？还有，我们的公关原则是不收买媒体，但不是说不能把有正义感、说真话、文采又好的记者招募进阿里巴巴。”

“符合您要求的记者朋友是有，我多问一句，可以给人家哪个层级？”

马云正在看书架上的纪念品，没有回头：“黎叔说了……”

王帅抢着说：“21世纪最贵的是人才，我明白了！”

王帅说完匆匆离去。

马云这时转过头来：“王帅这小子，让我说完不行啊，还抢答。”

马云非常赏识王帅，曾经这样跟我说过：“王帅经常干得比我想象的还要好！”

干了个通宵，第二天一早王帅把稿子拿来了。

马云很满意，一边念一边夸：“你听听，这多好，多有力度。”

为灾区默哀的那天中午，我在马云家。时间快到时，马云把我们，还有在家里的全部人都集中起来，默哀。结束后马云说：“我是个不太重形式的人，但形式有形式的作用。你想，这么大的一件事，全国这么多人一起默哀，一是为了给遇难的同胞哀悼，另外你可以从中感受到一种力量。”马云接着说：“其他的形式也有作用，比如宗教的洗礼，圣水其实跟自来水没区别，但在这么多人庄严的注视下、见证下，这种气场会给你力量，也对你今后的行为有约束。这就是借假修真。”

那段时间也有很多朋友打电话来：“听说你们阿里巴巴捐了一元大洋？”

“没那么多，虚报了，仅半个多亿而已。”我都是这么回答他们的，“别人跟你讲‘聋子听哑巴说瞎子看到鬼了’你也信？去查一查，是不是一分钱都不捐的人在网上骂人家最凶啊？”

有一次开会，社会责任部提出了很多帮助灾区的建议，马云听后说：“建议都很好，但不要凭空想象，要深入灾民中听取他们的心声和意愿。也就是说在扶老太太过马路前要搞清楚她是否真的想过马路。”大家听得都乐，也都明白了。

马云支援灾区也有两个原则：不作秀，不麻烦当地政府。

2009 年春天，我陪马云还有彭蕾等人去了一次灾区。我们在成都租了几辆越野车，开了 5 个多小时到青川。那时灾后重建正有序进行着，我们的心情也不再那么沉重。

一路上油菜花开得很盛，中午我们选了一块空旷的地方吃盒饭，饭后大家在油菜花地合影。刚好一辆装满蜜蜂箱的车经过，一大群蜜蜂迎面飞来，一瞬间每个人的脸上、身上都停满了。大家都吃惊不小，各种表情和姿态都有，刚好被拍下。照片上有人迅速拿帽子护住马云的头，而我却躲得很远，真是惭愧至极。

到灾区后，马云带领大家看望了资助学校的老师和学生们，给他们还有周边的百姓们送了礼品。

晚上大家都住板房。板房虽然墙里是泡沫，但顶上的梁是长方形的金属，虽然中空，但万一砸下来还是会伤到人，于是大家都不敢早睡。我提议大家打牌，拿赢来的钱第二天请在当地招募的“小二”们吃饭。

一群蜜蜂来袭

没有更多的选择，大家就同意了。

拿开心果做“筹码”，一开始马云赢了很多开心果，得意之下，马云边打牌边把赢来的开心果不小心当“茶点”给吃了，当反应过来时剩下没几颗了。这下可把我们给乐坏了，马云说能不能两颗开心果的壳算一颗开心果？我们当然不会答应。

到了晚上9点半，突然板房抖了起来，大家赶快跑到屋外。隔壁的居民用四川话对我们说：“没的事，没的事，小地震每天都有。”我们好不容易缓过劲，进房间刚坐下，又抖起来了，大家又赶紧跑出屋外。

第二天，马云又带大家去别处慰问了灾民，同时听取他们的想法。回来的路上大家讲故事，我讲得多一些。讲的啥大多不记得了，只记得其中三个。一个是：“如果有辆车，我坐驾驶位，彭蕾坐边上，马云坐后排，问：这辆车是谁的？”

一时没人答上，我就公布答案：“车是‘如果’的。我不是说了嘛，‘如果’有辆车。”大家乐了。

另外一个。我说：“从前有一只老鼠，老鼠前面有头牛，牛前面有只老虎，老鼠后面有什么？”有人抢答：“是猪，十二生肖的排列我还是知道的！”我说：“猪也说是它，但是不对，答案是虫，题目说了，从（虫）前有一只老鼠。那老鼠的后面当然是虫了。”大家又乐了。

还有一个。我指着一个同学对大家说：“闻佳，假如你是公交司机，开11路公交车，起点站上了36个人，第二站上了7人，没有人下，第三站上11人，下3人……问，司机今年几岁？”

“神经病！乘客上下的人数跟司机年龄有关吗？”闻佳说。

“你听清了没有，我说‘假如你是公交司机’，你自己的年龄你不知道吗？”大家又乐。

那天彭蕾第一次表扬我，说我写的文章有些可以用“隽永”来形容，这对我来说是很高的荣誉。

路上去一户农家“解急”，一位中年妇女坐在门口，一边悠闲地晒太阳，一边拿柴刀的背面砸核桃吃。我说问她买核桃，我们也坐下来砸砸，歇歇脚。她说：“不要买，都拿去吃，看得出来，你们是来帮灾区的文化人。”

公益

在马云的积极推动下，阿里巴巴的公益事业蓬勃开展。

2009 年 7 月，集团开始举办“乐橙青川”的公益活动，每个月员工自己报名，用自己的年假，自己出路费去灾区服务。由于每次名额有限，有的同学第 1 期就报名，到了第 9 期才“如愿以偿”。其中还有两位同学因“乐橙青川”而相识、相爱，成为让人羡慕的一对。到 2010 年底，“乐橙青川”已开展了 15 期。马云鼓励大家参与公益，而阿里员工感人的事迹反过来也一次一次感动着马云。

2009 年 3 月 28 日，阿里巴巴集团志愿者第 16 次青川行

集团和每个子公司都有自己的公益活动。其中集团近期的“幸福抱团”好比淘宝业务的“赛马”一样有创新。就是让同事自己提出有兴趣的公益活动，公司根据提出的创意给予相应的扶持。比如“爱的留声机”，就是同事们自己录下好的文章去送给盲人学校的孩子们听。

2010年玉树地震，公司捐款2500万元。

我跟马云说：“昨天中央台播放了捐款的节目。”

马云说：“我没看，但很多朋友已打电话跟我说了，台上长得最漂亮说得也最好的就是阿里巴巴的。”马云感觉挺自豪。

世博会筹备期间，有一天马云应郭广昌的邀请去上海给民企馆的志愿者们做动员演讲。那时正是云南干旱最严重的时候。马云听说捐4000元就能帮云南建一个小水窖，对今后的旱情会有帮助，当即和郭总决定从民企馆的预算中划出款项来做这件事，马云特别敦促：“赶紧！赶紧！云南的土地都裂成那样了，倒盆水下去就直接渗到美国了！”

又有一次，华夏基金会的王兵跟马云说，已经和广州武警总院谈好合作了，每捐1万元他们就为一位患先天性心脏病的儿童免费做心脏恢复手术。马云听了很兴奋：“这么好的事，一万元救一条命，我要赶在人家前面。”

结果第二天我们就去了广州，马云不仅以个人名义捐了款，还看望了做完手术和等待做手术的孩子们，并在当地做了宣传推广。

马云看望孩子和家长们的时候，流露出来的是真诚，因为马云清楚，贫困的他们心灵是脆弱的，千万不要在帮助他们的同时，践踏他们的自尊。

近两年马云在公开场合讲得最多的是公益和环保。2010年亚布力会议，当别的企业家把会议看作是推广自己企业的绝佳平台时，马云讲的是：“近来灾难频发，我在想地球到底怎么了？树木和森林好比是地球的毛发，你把它们砍了，涂上水泥。河流好比是地球的血管，你把它们一道一道堵上，还时不时打个洞，在里面埋上炸药……地球是有生命的，如果换了我，我也要愤怒，我也会报复……”

毛主席在 1949 年 9 月说过：“让那些内外反动派在我们面前发抖吧，让他们去说我们这也不行那也不行吧。”我加一句：“让他们再去说我们只捐了一元钱吧。”

永不放弃

永不放弃，这是阿里巴巴企业文化的核心所在，也是所有正在创业道路上或即将走上创业道路的人共同的大信念。

马云跟我说过，他唯一一次想到放弃是在 1997 年。当时他在做“中国黄页”（chinapage.com），而生意正做得红火的时候，电信横插了一杠子，也做了一个黄页 chinesepage.com，一下子就把水给搅浑了。之后发生了很多事，使得马云不得不与电信合作，而身在美国的他一时又找不到前进的方向。

一个星期天，情绪低落、举目无亲的马云走进了教堂。

牧师在做完祷告后，讲起第二次世界大战时期的丘吉尔，并朗诵了丘吉尔的演讲：

You ask，what is our aim？ I can answer in one word. It is victory. Victory at all costs-victory in spite of all terrors-victory，however long and hard the road may be，for without victory，there is no survival……

（你们问：我们的目的是什么？我可以用一个词来回答：胜利！不惜一切代价去争取胜利，无论多么恐怖也要争取胜利，无论道路多么遥远艰难也要争取胜利，因为没有胜利就无法生存……）

牧师演讲过程中充满激情的眼睛一次又一次盯着马云。

马云后来说：“当时我觉得冥冥之中就好像是上帝派牧师来鼓励我，我觉得牧师就是在讲给我一个人听的。”

马云之后就再也没有过放弃的念头，给别人签名时写得最多的就是：“永不放弃！”

而我个人有不同的看法，我更赞同马云的另一句话：“比起演讲者说的，听者接收的更显得重要。”其实马云内心深处并没有放弃的念头，只是在困难的时候需要鼓励而已。从表面上看那天是牧师鼓励了马云，而实质上是马云的内心捕捉到了牧师的话（就像我每天捕捉到的只有笑话一样）。我敢打赌，那天去教堂的没有第二个人还会记得当天牧师说过什么。

文化的力量

2008 年 5 月之前，新人培训的最后一堂课都是马云亲自讲：“……阿里巴巴不会承诺你很高的工资和丰厚的物质财富，相反，进入阿里，你一定会承受很多的委屈和压力……”第一次听的时候我觉得这多少会打击新同事的积极性，现在想来，说这些话太有必要了。虽然之后马云已没有时间亲自给每一批新同事讲，但他希望新人都能知道。

每个人的人生都不相同，但很多人都有相似的心路历程。念大学时都认为自己很行，而且无所畏惧，气吞山河，“既然敢来到这个世界，我就没打算活着离开”！毕业后挤破头进了阿里巴巴，发现所有“歪瓜裂枣”在公司里层级都比自己高。怀才不遇不说，而且往往最不喜欢的那个人刚好就是自己的“老板”。这时恨不得跑去无人的旷野，高举双手大喊：“把地球停下来！我要下车！！”熬过几年，经过忍耐和努力，情况不知不觉慢慢好起来了，这时发现另一幢楼里新来的美眉怎么看怎么顺眼。想好了18招去讨人家欢喜，鼓足勇气刚用了一招人家就“归顺”了，狂喜！春节带回老家炫耀，发现真没哪里好玩，就去了趟小庙，随便抽了支签，算命和尚深邃的眼神透过墨镜，告诉了你一句放之四海而皆准的真理：“你能够一直活到死！”春节后你回到公司，有一天你突然发觉你已经成为新同事眼里的“歪瓜裂枣”……

第一次让我强烈感受到阿里文化是在2008年7月1日。

那天下午公司在杭州梅苑宾馆召开组织部全体会议，其中一项内容是欢迎原中央台节目主持人张蔚等新同事加入阿里集团。

晚上B2B中层以上会议在宾馆继续召开，一直开到第二天凌晨3点多。

会上大家都直言不讳，先是有老同事抨击“空降”的新领导，认为“职业经理人”的那些技巧和规则不适合阿里巴巴，阿里巴巴靠的是苦干精神，是“很傻很天真，又猛又持久”的精神。其中有位女同学还流着泪说：“当年我在一线时，之前跟马总从来没有交流过，有一天马总从我身边走过，居然叫出我的名字还问了我工作情况。我感动得哭了，之后我整整三个月除了睡觉全是在工作，我愿意！很快我就做到了第一。”

“空降”领导则认为技能的提升是必需的，并且越早越好。

有老同事还公然“挑衅”领导：“你之前换过多家公司，你能保证在阿里巴巴做几年？”

当然也有老同事力挺新领导的，说：“阿里巴巴价值观中有一条是‘拥抱变化’，既然大家口口声声说深爱阿里的文化，那你怎么不能做到‘拥抱’一个新领导的‘变化’，‘拥抱’一种新‘思想’的‘变化’呢？”

会上居然也有人挑战马云：“如果马总您的决定出现了明显的错误，那谁来制衡您？”

马云很平静地回答：“第一，公司没有人可以制衡我。第二，如果我已经做了决定，哪怕错误的也必须执行。第三，你们都认为是错误的决定并不一定就是错误的。”

正如马云说的，之后很快金融风暴席卷大地，马云在几乎所有高层一开始都反对的情况下，坚决执行“狂风行动”，大幅让利给“严冬”中的中小企业，结果受到了中小企业的拥戴，客户数井喷。虽然单价低了，总收益反而增加，“狂风行动”大获成功。

如果说那晚的会议让我吃惊不小的话，那两天后的B2B三亚销售会议就是让我感动了。因为几位之前“挑衅”领导的区域干部已对领导的决定表示坚决支持。

现在我已知道了，每次组织部会议，就是说真话的会议，大家把心里的想法都抖出辩个明白，事后谁也不会计较。有些同事在会上被马云“批”得“体无完肤”，晚上又会出现在马云家喝茶、聊天，好像什么事也没有发生过。

奥运前夕ABAC会议在杭州召开，闭幕晚会在江南会举行，马云在晚会上又是唱歌，又是跳舞，还给各国的代表表演刚学的魔术。各国代表在马云的带领下玩得非常尽兴。

马云给全球代表表演魔术

ABAC 晚会上马云载歌载舞

2008 年 12 月 15 日，马云在北京参加完会议后，我们去西二环的净雅酒店晚餐。这是一家山东海鲜餐馆，在北京不止一家，从老板到员工都是马云的“粉丝”。我们吃完饭后，工作人员说他们赶制了一份礼物给我们。这时电视机里传出《在路上》的背景音乐，PPT 展现的是马云在不同地方的演讲照片和经典语录，还有我们的价值观“六脉神剑”等，送上来的水果是橙子，橙子上刻着“102”，代表阿里巴巴要走 102 年。

回公司后，我在内网上发了文章《晚餐的感动》。

12 月 23 日北大周其仁教授访问阿里巴巴，周教授对公司“信任小卖部”等阿里文化很感兴趣。“信任小卖部”在公司里有很多个，没有营业员，大家根据标价自觉拿货投钱，这些年下来，“信任小卖部”一直运营着，钱从来没有少过。

10 周年庆典

2009 年，公司 10 周年大庆临近，各公司都在业余时间紧锣密鼓地准备着各自的节目。

万人期待的“高管秀”却一直没有着落，因为9位高管要凑在一起太难了。

马云决定在节目中唱一首英文歌曲《狮子王》。

这里面还有个故事。几个月前，马云参加淘宝的一个项目讨论，这个项目叫“辛巴计划”。“辛巴”是《狮子王》里小狮子的名字。会间休息，其中有人唱了两句《狮子王》的主题歌，马云觉得这歌不错，就埋下种子了。

我把《狮子王》主题歌的碟片放在马云的车里，有空就放给他听。但马云太忙，基本不能静下来集中精力听。

9月6日晚是9位高管唯一一次集中彩排。那时马云还是不会唱，结果彩排时马云的部分由我代唱。节目组的所有人都为这个节目捏一把汗。

9月7日马云的日程还是排得满满的。我去附近的KTV订了包房，强行把马云拖过去唱。马云唱了几遍，说：“这歌词还是蛮难记的，要不我试试另外一首，那一首我会唱。”于是马云又唱了几遍另外一首*You Are So Beautiful To Me*（《在我心中你是那么美》）。

第二天当我通知乐队马云要换歌时，导演组和几个高管强烈反对。因为那是一部美国电影里的歌曲，电影说的是黑社会老大爱上一女子，但人在江湖、欲罢不能的故事。马云不以为然，认为歌曲本身没问题：“我是唱给所有员工听的，在我心中所有员工都是那么美。”

演出当天，马云又决定两首歌都唱。为预防忘歌词，我打印了好几份给马云备着。

当晚，整台演出非常成功，来了近3万名员工和家属，还有很多企业家朋友也慕名前来观摩。“高管秀”更是把晚会推向了高潮，公司的高管们穿着造型非常酷的朋克装，以乐队的形式登上舞台，整个体育馆都沸腾了。当马云头上插着羽毛，化着大浓妆，唱着Can you feel the

阿里巴巴10周年庆典上马云的朋克造型

love tonight登场的时候，体育馆里的尖叫声简直就是山呼海啸。当晚于丹迟到，当她进场从台前走过时马云刚好穿着朋克装从舞台上升起，观众沸腾了，于丹却惊呆了："那是马云吗？我的天哪！他疯了！"

在现场所有人都觉得马云的唱功非常了得，不过马云自己下台就笑着说："我是个忘歌词的主唱，戴上墨镜我根本看不见手里的歌词。"但这并不影响他夺目的光芒。

马云演完"高管秀"，换了服装又上场演讲："……未来10年，去帮助1000万家企业生存、成长和发展，创造1亿个就业机会，为10亿人提供真正价廉物美的平台……"这是一次很经典的演讲，被人称为"我有一个梦想"式的演讲。它为阿里巴巴未来10年的发展指出了方向，很激动人心。

杨致远当晚也在场，他也是个很幽默的人。晚会结束时，有人问他晚会怎么样，他说："节目真不错，整个过程我仅仅睡着过两回。哈哈！"

那次晚会后，杭州一些知名企业也来公司交流，说他们的企业领导也很“重视”企业文化，但员工参与的积极性不高。

我说：“什么叫‘重视’？‘老大’带头，亲自参与才叫重视。榜样的力量是无穷的，只停留在口头上的任何语言都是苍白的。”

他们觉得有道理。

再痛，也要坚守诚信

2011年2月21日下午，公司召开了全体组织部大会，这是唯一一次大家事先都不知道会议内容的大会。

会议之前，我看见B2B总裁卫哲从马云办公室出来，当时他的表情是从未有过的疲惫。

会议开始，当马云宣布“同意卫哲辞去B2B总裁职务的请求”时，台下所有同事都表情愕然，但却没有发出一点儿声音……

之后，刚刚重新担任集团首席人力官的彭蕾上台发言，讲到情真之处，眼泪夺眶而出，她没有拿纸巾擦，也没有背过脸去，任凭眼泪流下。停顿的15秒钟，台下依旧鸦雀无声，让人感觉有一个世纪那么长。

会议结束后我陪马云赶往机场，这时“全世界”都已知道这件事，一路上不断有企业家朋友打电话给马云，我在马云身边也能依稀听到电话那头的声音，一个说：“马云，你这次是大手笔！……”另一个说：“动静是不是搞得太大了？开掉一个副总裁也能表明你的决心了，干吗把卫哲都开了……”再一个说：“马云就是马云，我顶你！……”

马云接完电话对我说：“陈伟，在战场上拼刺刀，手脚被敌人刺一刀是感觉不到太痛的，而在家里你要砍掉自己一只手，那个痛……”马云疲惫的脸上表情复杂。

同一天，所有阿里人收到了马云的邮件：

……

过去的一个多月，我很痛苦，很纠结，很愤怒……

但这是我们成长中的痛苦，是我们发展中必须付出的代价，很痛！但是，我们别无选择！我们不是一家不会犯错误的公司，我们可能经常在未来判断上犯错误，但绝对不能犯原则妥协上的错误。

如果今天我们没有面对现实、勇于担当和刮骨疗伤的勇气，阿里将不再是阿里，坚持102年的梦想和使命就成了一句空话和笑话！

这个世界不需要再多一家互联网公司，也不需要再多一家会挣钱的公司；

这个世界需要的是一家更加开放、更加透明、更加分享、更加负责任，也更为全球化的公司；

这个世界需要的是一家来自于社会、服务于社会、对未来社会敢于承担责任的公司；

这个世界需要的是一种文化，一种精神，一种信念，一种担当。因为只有这些才能让我们在艰苦的创业中走得更远，走得更好，走得更舒坦。

……

裸男“蒙古人”

2010年1月，马云从北京运来两件雕塑作品，一件是铜的，一对裸体男女站在荷花上，雕塑泛着铜绿，是做旧的效果，2.2米高，落在园区“星巴克”的边上。另一件是名为“蒙古人”的健壮裸男，高3.6米，落在正对大门的草坪上。为使他显得更伟岸，在马云的建议下，草坪上的几棵小树也被移走了。

雕塑一落成，同事们反应之强烈超出了我的想象，内网上的骂声更是如钱塘江大潮般汹涌。

有人说："本来在阿里巴巴工作觉得很骄傲，现在每天一到公司先看到一个高大的裸男，觉得很脸红，羞愧难当。"

有人说："'星巴克'边上放一对'生锈'的裸体男女，我们去喝咖啡都觉得难为情，而且觉得咖啡也是生锈的。"

还有人把"蒙古人"的照片PS上各种服装，坚决要求要么把雕塑搬走，要么穿上衣服。

……

马云当时在国外，也听到了各种说法。他还没有看到现场效果，发信息给我："跟园区不协调吗？"

因为我之前跟马云去过北大和"798"，看过很多更前卫的雕塑，所以我到现场看了后，发信息给马云："画龙点睛，没有——不行！"

我跟身边的同事们说："三个月后你们会为今天的言论感到羞愧的。"

记得当时唯一跟我看法一致的是B2B负责行政的同事王咏梅（是她和我对接，负责安放雕塑的）。

裸男"蒙古人"——"给力"

果然，过了一段时间，大家看着看着就喜欢了，也不会感到“难为情”了，不少人还把“蒙古人”当背景拍照，中饭后还绕着“蒙古人”散步。

可接待部的同事还有问题，因为来参观的人都在问“蒙古人”寓意是什么。

于是她们就开始“着手”编寓意：“裸体代表阿里巴巴开放透明，强壮代表阿里‘又猛又持久’的文化。”

这件事搞得马云哭笑不得，他说：“如果我在那里种棵树，你会问我啥寓意吗？那就是一个雕塑，你喜欢，很好；你不喜欢，也没关系。你难道说身边有长得不漂亮的同事你就不好好工作了？”马云接下来笑着说：“这个 3.6 米，等淘宝城建好，我整一个 6.3 米的大胸裸女过来，看大家怎么说。”

2010 年年底，公司最受欢迎的礼物就是“蒙古人”的“浓缩版”，像奥斯卡的奖杯一样，名字是“给力”。

剪不断的“娱乐”结

来阿里巴巴之后，有很多同学来问我关于娱乐界的事。其中被问及多次的一个问题是：“你觉得娱乐界和网络界哪个更有意思？”

我回答他们：“没法比！ 5 比 3 大，3 比 5 粗，所以才有一个哲学成语叫‘五大三粗’。”

爱钓鱼的十八“方的”之一谢世煌听了乐个不停：“原来‘五大三粗’是哲学成语，哈哈！”

还有一个问题也常有人问：“你觉得最漂亮的女明星是谁？”

“每个剧组的二线女演员。”我真是这么认为的，辛弃疾写过这样一句词：“花不知名分外娇。”其实很多女演员都很漂亮，但如果出了名，大家就会很挑剔或很批判地去看她们，挑着挑着就有毛病了。

2009年集团事务部大部门开年会，马云给每个小部门做总结，说到我时，马云没有正面点评，而是用了一个很特别的方式："从前我打电话给张纪中，他都表现得很快乐。而现在我打电话给他，他总是说'烦死了'。关于陈伟，我就不做其他点评了。"

2009年3月，张纪中版的《倚天屠龙记》当时在武夷山拍摄。一个周末，我带着公司里三位"追星族"美眉开车去武夷山探班。

在探班的两天里，公司美眉近距离见到了邓超、安以轩等众多明星，还跟明星们一起吃饭、聊天。当聊到淘宝网时双方更有话题了。明星们经常在偏远的地方拍戏，当地没有大商场，所以他们都在淘宝网上购物。去的美眉业务水准很高，有问必能答。

事后我问其中的笛笛同学："她们的问题撞到你枪口上了吧？"

她自信地说："公司的业务，问啥都在枪口上。"

第二天文戏组拍"黄衫女子"的出场戏。导演听说我带了人来探班，就临时撤换了两个演员，让公司美眉换上古装出演"黄衫女子"的随从，

公司美眉武夷山客串"黄衫女子"的随从

《风声》首映式上周迅和公司美眉合影

不仅探了班，还过了把戏瘾。

2009 年 4 月，“环保大使”周迅在杭州，那时她还没有离开华谊。大家知道，爱看电影的马云是华谊的大股东之一，周迅要跟“老板”谈谈利用网络这一平台提倡环保。马云也一直致力于环保工作，那天正在永福禅寺跟淘宝网的高层开会，于是就约在永福禅寺内与周迅会面。

早在 2001 年拍《射雕英雄传》时，我就认识周迅了。周迅到时，马云还在会议中，我就陪周迅团队先喝茶聊天。虽然我对怎样合作还没有任何思路，但这丝毫不影响我“吹牛”的热情。周迅也显得很开心，尽管她腿上被没有“修炼成佛”的山蚊子叮了许多红包。

马云开完淘宝会过来，和周迅团队边用餐边谈。吃的是寺里的素斋，做得非常好，马云和周迅都赞不绝口。

后来电影《风声》首映式在杭州举行，周迅邀请马云参加。马云没有时间就安排我去办，我在不同分公司挑了四个美眉，出发前我给周迅的助理阿美提出两个很“过分”的要求：放映前的记者会要指定提问阿里巴巴美眉；要跟阿里巴巴美眉合影。周迅一一答应。

有一回我陪马云在北京开会，在宾馆的大厅巧遇了几年前在我们《碧血剑》剧组饰演“阿九”的演员孙菲菲。

聊到淘宝网，孙菲菲兴奋异常。她对淘宝网比我要熟悉得多，几乎所有的化妆品和日用品都是在淘宝网上买的。她说很多演员都跟她一样，拍戏期间没时间逛街。她说：“有了淘宝网，商店随身带。”

孙菲菲还专门画了一本漫画，讲解她的淘宝攻略和心得。

回杭州后我让《淘宝天下》杂志的主编联系孙菲菲。杂志是周刊，很快有一期介绍了孙菲菲和她的漫画，那期封面是孙菲菲一张极其漂亮的照片，像赫本的一张经典照。

2009 年 12 月，《时尚》杂志年会在国家体育馆召开，马云和史玉柱等被评为“年度时尚先生”。

当晚来的明星太多了，章子怡、孙红雷……一个接一个，看得让人直打饱嗝，一点消化的时间都没有。怪不得刚拿了影帝的黄渤上台时说：“我爬呀爬，以为爬到了 80 层。结果抬头一看，我还在地下室。”

《时尚》杂志的领导团队和马云也熟。马云有一回还去给他们中层以上干部做过分享，交流思想。马云对他们的创新思路很赞赏，记得交流后马云开玩笑地说：“原以为这些杂志没有人会看，跟你们交流过我明白了，女人是生活在幻想中的动物，以为穿得和明星一样就跟明星一样漂亮了。其实女人比男人聪明，现实也好、幻想也好，开心才是硬道理。”

银泰的老总沈国军是马云最好的朋友之一。很多人都跟我有相同的看法，认为沈总是企业家里光凭长相就可以“混”在明星队伍之中的。沈总很帅也很谦和，我之前一直认为沈总是没有被“纨绔”的“富二代”，直到在《时尚》杂志上看过沈总的创业史才知道，完全不是我之前想的那样，太了不起了！

沈总说话很少，因为不需要，他在银泰的成就已经说明了一切。而

橘子洲头

不像我等，在不到10人的部门里也需要不停地“吹牛”以证明自己依然存在。

2009年年底我陪马云飞长沙。尽管马云一直对毛主席无比敬仰，可这还是马云第一次到湖南。我们先参观了岳麓书院，再去了毛主席当年“浪遏飞舟”的橘子洲头。橘子洲头刚落成了巨大无比的毛主席头像雕塑。

马云看了刻在橘子洲头的《沁园春·长沙》后说:“看了毛主席的诗词，我明白了什么才是胸怀天下；看了毛主席的字，我知道了什么才叫随心所欲。”

晚上我们见到了湖南卫视的欧阳台长。欧阳台长是中国电视界的传奇人物，“超女”、“快男”都是他的作品。

还有汪涵，他之前跟马云就很熟，这次他决定参加策划并主持淘宝网和湖南卫视合作的节目《越淘越开心》。他跟马云有一个相互的汇报制度：他来杭州必须告诉马云，马云去长沙也一定会通知他。

第二天晚餐时来了很多人，其中一个高高瘦瘦很有气质的男人跟马云谈得很投机，是湖南当地人，可半道上他就离开了，说:“我先去准备一下，待会儿见！”

饭后大家都去听“谭盾新春音乐会”，音乐会开始后我看到那个高瘦的男人站在台上，这时我才知道他就是谭盾，之前只听过名字。

马云的兴趣

大家都知道，马云从小热爱武侠，对学英文和太极也情有独钟，其实马云的兴趣远远不止这些。

马云喜欢看各种电影，尤其喜欢看第二次世界大战时期的片子。有的片子看一遍还不过瘾，过些日子又“复习”一遍。有一天马云对我说：“陈伟，你去帮我买个正版碟，是讲艾森豪威尔和巴顿的电影，好像片名里有 dawn，我之前看过，我要再看看。”

马云对戏曲也很喜欢。有一次到北京，约朋友在梅葆玖的故居吃饭，店里有青年男女为客人表演京剧，马云点了一段又一段，还不时喊：“好！好！”

回到杭州后他意犹未尽，还买了很多京剧的经典唱片，一边听还一边点评：“××× 的 ×× 段唱得真好，而 ××× 我就不喜欢，要多难听有多难听，陈伟你说是不是？”

“对不起，马总，我听着都一样，就一个味。”我实话实说。

马云还喜欢听美声，特别是帕瓦罗蒂的，在家常听，有时还跟着唱，闭上眼睛，很陶醉的样子。一开始我很不喜欢听，说：“马总，原以为只有卡拉 OK 是唯一把自己的快乐建立在别人痛苦之上的活动，现在发现还有听美声。”可后来听多了，发现美声还是很好听的！

马云在杭州有空的时候，还会带我们去看越剧和昆剧。

还有一次我们去看台湾舞台剧《宝岛一村》，真不错，这么简单的布景，通过语言就把故事讲得生动感人。

马云夫妇和越剧名家茅威涛是好朋友，茅威涛有演出都会通知马云。

2009 年 5 月，我陪马云、绍总等去看茅威涛的《梁祝》。演出结束时马云去后台献了花篮，又和茅威涛一起吃了夜宵。何赛飞等也在场，还有中央电视台著名戏曲节目主持人白燕升。他们跟我们讲了很多老艺术家的经典故事，而且是边说边演，非常生动。

之后艺术家们要求听听我们讲。马云派我做代表，于是我把一些有趣的故事串起来，用在一封唐僧写给回花果山“休假”的孙悟空的信里：“悟空，你走后我们搬家了，但是地址没有变，因为我们把门牌也带走了……悟空，你走后八戒懂事多了，我告诉他的任何秘密他都会马上告诉村里所有人，他说：人多力量大，就让所有人来共同保守这个秘密吧！……沙僧也比从前懂礼貌了，他总是恭敬地让女士们走在他的前面，尤其是经过雷区时……女儿国真是一个美女如云的地方，我们一个都没有见着，因为那里晴空万里，没有云……”

白燕升听后用很夸张的语气说：“哎呀！网络界真是藏龙卧虎啊！”他转向茅威涛说：“我们显然露早了！”

事后马云说：“这个套路不错，啥故事都能串进，我准备下次年会上念一封孙悟空给唐僧的回信，哈哈！”

五位公司美眉客串《梁祝》

其实茅威涛跟我也是很多年的朋友。2000 年在《笑傲江湖》里她演“东方不败”时跟我就认识，2010 年拍《梁祝》的电影，马云不在杭州，我就带上公司不同部门的美眉去客串了一把，用马云开玩笑的话说就是：“派你去拯救一下传统戏剧。”

2008 年奥运会期间，应马云的推荐和邀请，《非诚勿扰》在杭州的西溪湿地拍摄，大大提升了西溪的知名度。拍摄期间我陪马云多次去剧组探班，也常和冯小刚导演一起喝茶聊天，近距离感受了冯式幽默，还见到了葛优、舒淇、方中信、徐若瑄等明星。

2008 年 11 月，有一晚马云带上我去了冯小刚家。冯导家布置得很艺术，有些雕塑作品也很另类，接近“798”里的东西。当天他家里还来了一些明星客人，记得有陆毅。

陆毅真的很帅。冯导家的走廊里有一条很长的镜子，当我跟陆毅前后走过时，我看了看镜子中的两人。从前自诩为“超帅”的我一下子自信全无，除了身高 1.83 米比他高出一点点外，其他我一无是处。这是新中国成立以来我对镜子里的自己最失望的一天。

之后大家一起在冯导家看了《非诚勿扰》的“毛片”，当时音乐还没配上，字幕也还没有。

看完电影冯导告诉我们，本来戏中秦奋相亲还有一段，就是一位潮女身上爬了一只珍稀的美洲蜥蜴，秦奋问：“这蜥蜴哪来的？不好搞吧？”女的说：“老土啊，现在哪有什么不好搞的，淘宝上买的。”冯导说：“这本来是个时尚潮流，可播出一定又会被说成广告，最后我忍痛剪了。”

前两天看《非诚勿扰 2》，果然有潮流元素：“你淘宝上订的轮椅到了。”

那天在冯导家看完之后我有些担心，我觉得没有《大腕》等之前几部好。但一个月后上映，票房成绩证明我是错的。

于是我开始反思自己，可能是《非诚勿扰》中的故事类型不是我特别喜欢的，也可能是其中的“包袱”我在拍摄期间已经听过了。而大师就是大师，他不是为某个群体服务的，为的是“最广大人民群众的根本利益”。

那天看完电影回到宾馆已很晚，马云说：“如果张英不问你，你就别说我们今天很晚，否则她又要说我不好好休息。”

“如果明天她问呢？”

“那你就加一句，看电影那也是休息。”马云交代。

2009年5月22日，我陪马云去上海参加会议，结束后驱车赶回杭州，在“山外山”跟冯小刚团队共进晚餐。冯导决定在杭州拍《唐山大地震》的一部分，戏中女儿上大学的地方选定在六和塔边的浙大之江校区，正是我以前念大学的地方。在我读书时，校园里也拍过一个电影《流亡大学》，讲的是抗战时期竺可桢任校长时的故事。

冯导讲故事很有感染力，他讲《唐山大地震》的故事，在场所有人都感动不已，连连叫好。据说，冯导决定要拍《唐山大地震》就是因为这个故事中与众不同的那个“亮点”：一个妈妈面对一块水泥板下压着的两个亲生孩子，一头是儿子，一头是女儿，只能救一个，她会做什么选择？这是世界上最痛苦的选择，但是作为一个故事来说，也是最击中人心的一个点。

冯导选择“亮点”的眼光极其精准，难怪他的电影总是那么受观众欢迎。

冯导对马云也非常钦佩。2010年11月8日晚，在北京银泰中心举办的《杨澜访谈录》10周年庆典上，马云和冯导被同时评为“10年进取人物”，而冯导一上台说的是：“马云是位预言家，他5年前跟我说过：中国电影在5年内会有单片票房过5亿元，《非诚勿扰》达到了；会有文化公司上市，华谊做到了……”

第九章

不一样的马云，不一样的阿里

别出心裁的炒蛋

与众不同、扬长避短的思想是马云与生俱来的。马云的母亲跟我讲过一个故事：马云很小的时候家里举行过一次兄妹仨炒菜比赛，马云是三个人中最不会做菜的，于是就炒了个鸡蛋，但最后他获胜了，因为他用花生米在炒蛋上镶嵌了一颗漂亮的“心”。

小学与大学

尽管对现行的教育体制有颇多建议，但这并不影响马云尊师重教。

有一天马云收到曾就读的小学建校50周年庆典的邀请函，那段时间他特别忙，我想他不会去，可马云说：“去！再忙也要去。”他还记得小学班主任和英语老师的名字，他说：“当初别的小学都没有英语课，只有我们学校试点教了一年英语，而且我们的英语老师是学俄语的，不懂英语，她每天上午自己去培训，下午

马云和小学老师的合影

回来教我们。”就是这样的老师让马云从此喜欢上了英语。所以说教育绝不是灌输，而是点燃。

庆典那天，两个老师见到马云，眼里流露的全是慈母般的目光。马云也像是出门很久的孩子回到母亲身边，说：“老师，我刚剃过光头，现在头上的伤疤能看清楚吧？您还记得那件事吗？”

老师记得非常清楚，就像发生在昨天一样：有高年级的同学欺负马云班里的同学，马云要为同学“讨回公道”，明知不可为而为之，结果“两败俱伤”，自己头上缝了差不多 10 针。班主任搀着满头是血的马云去医院，缝的时候马云没有哭，这件事老师自始至终都没有批评过马云，缝针的时候还不停地在边上说：“好孩子，真是好孩子。”

没批评并不表示老师没有跟他讲道理，**所有的好学生都是表扬出来的。**

上帝不能进入每一个家庭，所以创造了母亲；上帝不能教育每一个孩子，所以创造了老师。

庆典之后马云给小学母校捐了一笔款，七位数。

马云对自己就读的大学——杭州师范学院也是如此，不仅与母校共同创建了阿里巴巴商学院，还屡次参加开学典礼并发表演讲鼓励学弟学妹们。马云在全世界每个地方都会说：“杭州师范学院是世界上最好的大学。”

2011 年 9 月，马云又参加了杭州师范学院的开学典礼，当谈到社会责任和要不要给灾区捐款时，马云发表了自己的观点：捐款改变的不是灾区，改变的是你自己！

魔术

马云一直很喜欢魔术，在 2008 年的一次国际会议上，就餐时马云现场给外国代表们露过一手。他特别喜欢刘谦，说：“我好几次看他的近景魔术，一点儿破绽都看不出，我怀疑他就是有特异功能。”有人想帮马云解密刘谦的魔术，每次都被马云制止：“别，我就当他是真的。”

2012 年春节前，刘谦又邀请马云去澳门看他的演出，马云带了一大帮朋友前往。节目非常精彩，演出结束后刘谦邀请马云去后台，刘谦的母亲也在，她和刘谦的工作人员都是马云的粉丝，于是我们互换“偶像”合影。我问刘谦：“3 个戒指套在一起的那个魔术太神奇了，是特异功能吧？”刘谦故作神秘地把食指放到嘴上，轻声说：“天机不可泄露。”

马云喜欢魔术是“间歇性”的，有些日子会从早到晚手里一直拿着一副扑克牌，2013 年亚布力会议期间就是这样。从出发乘坐飞机开始，一直给其他企业家朋友变魔术，他喜欢看到别人目瞪口呆的样子。即使有些魔术被其他人识破了，马云也不气馁，他会琢磨着怎样改进，乐此不疲。

到现在为止，马云变得最好的、让所有人都目瞪口呆的“魔术”就是阿里巴巴和淘宝，十几年前大家都认为互联网能做的就是电子媒体，而马云坚持认为最值得做的是电子商务。这绝不是最后一个“魔术”，接下来还会有更新的。

钢琴

2011 年有一次我跟马云从美国回来，因为已过半夜，我就住在马云家。第二天起来，听见钢琴声，是 20 世纪 80 年代的一首老歌，我到大厅一看，弹钢琴的居然是马云。马云家我来过很多次，家中摆设我唯一不喜欢的就是钢琴，虽然嘴上没说，但我心里一直想：又不是土老板，还要靠摆个没用的钢琴显示你有文化？

之前我没见过马云弹钢琴，我不懂，但听上去马云弹得跟郎朗也差

马云在弹钢琴

不多，只是没有摇头晃脑而已。

等我把这个“秘密”讲给公司的“女儿们”听时，钢琴 10 级的李杨兴奋了：“陈爸，下次年会我要跟马总 PK！”

爱狗——狸猫换太子

马云爱狗是出了名的，尤其喜欢德国牧羊犬（德国黑背），在他的影响下，很多企业家也开始养狗了。2011 年年初，马云家血统纯正的母狗生了一窝小狗，很快就被预订完了，马云自己只留了一只。

很多人都知道史玉柱有一只跟某总统同名的德国牧羊犬，其背后还有一番故事。

2011 年 3 月初，史玉柱带着他的团队浩浩荡荡来到马云家迎接之前预订的德国牧羊犬。为迎接新主人，狗狗前一天去宠物店做了一次美容，洗澡时不小心摔断了腿，见到新主人时腿上还绑着纱布。

史玉柱在马云家吃中饭时表现出些许遗憾，马云经过巨大的纠结之后决定把给自己留的那只最喜欢的德国牧羊犬换给史玉柱，史玉柱自然喜出望外。

吃完饭，马云带史玉柱团队去参观还在建设中的淘宝城，马云问起工程质量时，有工作人员介绍说某建筑可防九级地震，马云听后开玩笑地说："真的？如果能防九级地震，那我进来后天天盼地震。"

结果没到一星期，九级地震真的来了，只是不在杭州，而在日本福岛。

再说那只摔断腿的狗狗，摔得还真不轻，虽然得到正规治疗，但还是留下了一点儿后遗症，后来送给了永福禅寺的月真和尚，马云每次去寺里喝茶都会去看它。

人的命运会因为一些小事而发生巨大的变化，狗也如此。那只跟总统同名的狗现在每天吃香的喝辣的，毛发也被美女们梳理得整齐光亮；而永福禅寺的那只每天吃素，明显不如"总统"壮实，现在叫声也略显慈悲，阿弥陀佛！只要它开心就好。

马云常去北京出差，办完事如果有两小时以上空闲时光，去看狗是首选之一。2012 年底有一位企业家朋友帮马云从德国搞来一只 13 个月大的冠军狗，马云高兴得眉飞色舞。现在去马云家，在见到所有人之前你都会先见到它。

茅台墨宝

茅台酒厂的季克良董事长是马云的老朋友，邀请马云前往已有两年了，2011 年"五一"假期，马云带我等数人穿过"千山万水"来到了传说中的茅台镇。

季董亲自全程带我们参观了酒厂和酒文化博物馆，参观快结束时看到一张桌子上放着宣纸，马云哈哈大笑，那是马云最害怕的事——留笔墨！

知道推托无望，马云“大义凛然”地写下了“天下良酒”四个字。我鼓足勇气睁开眼一看，还行！没有想象中难看。

在会议室，季董拿出他自己多年珍藏的唯一一瓶80年茅台酒给大家品尝，我折算了一下，一小盅是我一个月工资，我一共喝了3盅，感觉又发了一次年终奖。

晚餐酒过三巡后大家聊得更随意了，季董是马云出生那年大学毕业后来到茅台酒厂的。“虎门无犬媳”，据周围的工作人员说，季董的儿媳妇是阿里巴巴员工，来公司好多年了，我们都不知道她是谁。再怎么问季董夫妇都不肯说，说儿媳妇不让讲。多自强的同学！

晚餐结束后回宾馆，发现整个茅台镇都笼罩在酒香中。

宾馆的电梯不大，和我们一起来茅台酒厂的马云的另一位好朋友挤进电梯时，电梯超重，他立即退出，挪动200多斤的身体走台阶上了楼。上楼后马云拍了拍气喘吁吁的他，借着酒劲开玩笑说：“你太有自知之明了，这么小的电梯你也敢挤，你一个人乘都超重！”

马云“画字”

马云为了应对今后“留墨宝”的尴尬，心想如果靠苦练毛笔字一时半会也不会见效，于是他自创了“马体”，其实就是画字。之后在公司内部的“风清扬”班上课，他讲到《孙子兵法》时写的“智信仁勇严”就很有点味道了。

爱好看望员工

马云最放松也最开心的事是看望员工，只是由于工作越来越忙，这件事变得越来越奢侈。

有一回他在电梯里碰见支付宝的两位女同学，女同学说：“马总，您很久没去我们支付宝大楼了，我们现在有了放映室，还有发泄室。”

马云开玩笑地说：“啊？还有发泄室？那我得去突击检查，看看发泄室里是不是放着我的头像——放彭蕾的可以。”（编者注：彭蕾当时还是支付宝的 CEO）

马云出差到外地，只要当地有我们的基地，他首先想到的就是去看望同学们。记得 2012 年 9 月到广州，马云在百忙之中还叫来好几桌在周边基地的老员工一起吃晚饭。老员工们个个开心得像过年一样。

在杭州也一样，有机会马云就会去不同部门转转，跟大家合影，给大家签名。如果看到有人打乒乓球他也会上去打两下，一边打一边说：“我打得一般，但我有一个朋友你们一定打不过，他叫刘国梁。”同学们一阵欢笑。

下面这张照片是马云看望滨江园区的同学们时拍的，你有没有发现除马云外其他同学都笑得很灿烂而且口型相当一致，那是因为很多时候我拍照都会问：“马总帅不帅？”同学们就会高声齐答：“帅！”这就是“帅”留下的口型。

同学们齐声喊“帅！”

这是“赞美别人，快乐自己”的经典案例，我以为。

天使降临

2011 年 7 月初，我公司的吴菊萍同学为接住从 10 楼掉下的小朋友妞妞，手臂粉碎性骨折，人也被砸昏过去，她和妞妞分别在不同医院抢救治疗。

马云闻讯发了一条微博：第二次世界大战后，孩子问：“爷爷，战争中你是英雄吗？”爷爷说：“我不是。但爷爷和一群英雄一起战斗过、共事过！”荣幸与吴同学共事 7 年，祝孩子和你早日康复。

马云是个特别细心的人，他让我先代表他去看望一下菊萍及在重症监护室外一直守候的妞妞的父母。

我问：“很多领导都去看望菊萍了，您为什么……”

“现在这么多记者都在现场，我去不是添乱吗？他们是报道吴菊萍的事迹还是采访我啊？等人少一点我再去。”马云说。

于是我代马云先去看望了吴菊萍一次，之后在一个“人烟稀少”的下午，我再次陪马云悄悄来到病房。

马云夸人的方法也很特别：“菊萍，你原来读书时物理一定没有学好，妞妞掉到你手上的速度至少是博尔特百米速度的两倍。陈伟物理好，如果是他早跑了。”

菊萍笑着说：“他也会接的，每个人都会接的。”

马云和吴菊萍一边聊着，我一边在病房里找到纸和笔，给吴菊萍补了一堂物理课：自由落体 30 米后的速度基本上是每秒 25 米。

“我刚从呼伦贝尔草原考察回来，那里环境保护得很好，以后要多组织员工去看看。”马云开玩笑地接着说，“好的员工夏天去，差的员工冬天去，感受过零下四五十度后，回来就会努力工作成为好员工了。”马云和吴菊萍闲聊着。

整个谈话过程吴菊萍一直笑个不停，开心得嘴就没有合上过。

妞妞的伤势要严重得多，除了骨折外，内脏几乎都有破损，命悬一线。

我按照马云的授意去给妞妞父母打气，我跟早已哭干眼泪的妞妞父

吴菊萍和妞妞母女

母说："妞妞的每一个细胞都是你们俩给她的，你们的坚强她一定能接收到，只要你们不放弃，妞妞一定会挺过来，所有奇迹，都是因为相信才会存在……"他们俩一边哭一边不停地点头。我还转达了马云的另一层意思：如果医疗费用有问题，请务必让我们知道。

后来妞妞奇迹般挺了过来，而且当初所担心的后遗症一样也没有发生。现在我偶尔还会带妞妞一家吃个饭，每次吃饭我都要吹同样的牛，重复我当初鼓励妞妞父母的话，好像妞妞救过来全靠我，他们好像也愿意听，我以为。

禅让哲学

2013 年 3 月 10 日，马云宣布：从 2013 年 5 月 10 日起他不再担任公司 CEO，只保留董事局主席一职。

2013 年 3 月 22 日，华夏同学会第 20 次会议在我们公司召开。华夏同学会中有一部分同学上过长江商学院的课，一部分上过中欧商学院的课，还有的人两边都报名学习过。于是这些互相认识的同学就自由组织，形成了今天的华夏同学会。

成员除马云外，还有万通集团董事长冯仑、中国宽带资本基金董事长田溯宁、蒙牛乳业集团创始人牛根生、TCL 集团股份有限公司董事长李东生、北京汇源饮料食品公司董事长朱新礼、腾讯公司董事会主席兼首席执行官马化腾、百度公司董事长兼首席执行官李彦宏、联想控股有限公司原董事长柳传志等。

下午会议放在城西的淘宝网总部。马云被问到"禅让"CEO 的问题时说："要想明白，我们来到这个世界上不是来做事的，是来做人的。年轻人一定会比我们干得好，只是看你愿不愿意把他们找出来。我给马化腾、

马云在华夏同学会上发言

李彦宏等同学先探探路，除非你们想永远不退休。前几年我和冯仑等人去那个号称‘空气也是甜的国家’不丹时讨论过想办一所民营企业大学，我觉得这个比较有意思，开导年轻人。我不做 CEO 了，要做一个 CKO，‘首席开导官’，这样也蛮好。之前我做 CEO 时对员工说：Don’t love me , listen to me. 现在不做 CEO 了，要求相反了：Don’t listen to me, please love me.”

会场掌声不断。

第二天上午在杭州的四季酒店，马云给这次华夏同学会做总结，现摘取思想片段如下：

“老”就是老师，“板”就是规矩，所以老板就是给员工做老师并给他们设定规矩的人。

用人要疑，疑人要用，否则说明你没自信。

信任是两个词，相信人然后任用人。

“将”要有性格，而“帅”要没有性格，胸怀包容万物。

专家和学者是两回事，学者可以是听来的，而专家必须是自己干出来的。

关于最后一条，我可以分享一个案例：富士康科技集团创办人郭台铭在全球有 140 多万名员工，他的公司在中国的进口额和出口额都占全国的 4% 以上，操盘这个庞大而复杂公司资金的 CFO 并非毕业于名牌学府，而是 17 岁就跟着他开始创业的远房亲戚。

“风清扬”班

马云很重视人才的培养。人才的重要性大家都知道，假如你是总裁，你有一个像马云这样的 CEO，那你啥也不用愁了，不是吗？

淘宝网每个同学都有武侠“花名”，马云的花名是“风清扬”。马云把公司一些年轻的骨干和部分副总裁组成不同的“风清扬”班，自己亲自上课。内容基本“务虚”，以讲授做人道理为主。

其中有一堂课讲团队：“我们一定要分清性格和人品，不要因为性格不同而去怀疑别人的人品，要学会包容。比如我们的团队，每个人的性格都不同。Joe（蔡崇信，英文名 Joe Tsai）眼睛聚光，牢牢抓住每个细节；

务虚会议

曾教授（曾鸣）讲的是宏观战略，未来；彭蕾死抓住价值观不放；老陆（陆兆禧）讲实干：少啰唆，把东西做出来给我看。每个人都有自己的性格，这样才是完美的团队。如果全体员工都跟我一样，每天讲梦想，公司就完蛋了……”

2013 年 3 月中旬，马云给“风清扬”一班和“风清扬”二班一起上了堂大课，谈到将辞去 CEO 时，马云说：“现在是我各方面状态最好的时候，所以是安排接班人的时候，这是规律。最强壮的时候就是该生孩子的时候……七八十岁还每天开早会的 CEO 绝不是我的偶像，那是公司的悲哀。48 岁以前工作是我的生活，48 岁以后生活是我的工作。我给你们带个好头，希望你们以后也给后面的年轻人带个好头。希望你们 45 岁就能放下工作，这样阿里的年轻人才会觉得有奔头。以后你们没事可以来找我聊聊，有事请找 CEO……”

世界末日

那天是 2012 年 12 月 21 日，马云下午给“五年陈”授戒（阿里巴巴员工在工作满 5 年之后会被称为“五年陈”，并获得一枚公司定制的戒指）时风趣地说：“据说世界末日是今天下午 3 点，因为中国杭州跟南美的玛雅有时差，可现在已经过了 3 点了，啥事也没发生，有些遗憾。末日不来怎么办？继续努力工作，尤其是已经在阿里工作了 5 年的你们。”

末日那天

逢年过节，给马云寄贺卡的人特别

多，其中不乏女粉丝。2012 年春节，他收到一个小方舟，上面写着：马先生，方舟年你是我要带上船的那个男人！

李代桃僵"吹牛"

马云喜欢麦家的谍战小说，之前也给麦家的书写过推荐语。而麦家也给我的书《这才是马云》做过微博推广，我们关系不错，有时也会在龙井一起吃个饭。麦家在 2011 年新创作的《刀尖》希望在我们公司首发，同时也在淘宝网上开售。

于是我替马云张罗这件事，当时公司的网络安全部门正好在开展打击网络盗版、保护知识产权的"亮照行动"，所以发布会就决定在公司的滨江园区一起开了。

可是等到发布会召开当天，不巧马云临时有事出差了，于是我被安排上台发言，吹了一段不着边际的牛："每一个人都有一双梦想的翅膀，但只有少数的翅膀在天空翱翔，多数的在锅里炖汤，所以实现梦想的人并不多……在爱因斯坦之前人们认为'物质不灭'，之后认为'质能守恒'，其实真正不灭的是信息。所谓信息不灭，就是世上发生的一切事情都会升到空中、藏在云里，这也是我们公司要做'阿里云'的原因。上帝怕你不相信，偶尔会拿出一小段到海上播放，那就是'海市蜃楼'，如果这之后你还不明白，上帝只能说：I can not help you anymore……古人说'文章本天成，妙手偶得之'，说明所有故事都不是作家写的，而是'接收'到的，所谓'灵感'来时，其实就是'信号'比较强的时候。接收信号的是皮肤，这就是为什么有的作家需要脱光了写才有灵感，那是为了扩大接收信号的面积。"

会后我们给麦家在园区的书店办了一个新书签售会，很热闹。

韬光寺箴言

马云要开一些讨论战略的比较务虚的会议，依旧喜欢去永福禅寺或是韬光寺。两座寺庙都在灵隐寺的西面，中间有山间步道连着。这里大树林立又远离城市喧嚣和浮躁，而且离佛咫尺，做战略决策不容易出错。如果有错误的决定，佛也会掉一根树枝或菩提子之类的下来作提醒，我想。

2011 年冬季的一天，阳光暖暖，马云在韬光寺和曾教授等讨论跟其他公司如何合作。韬光寺的露台是杭州风水最好的地方，往东看，两座山形成一个扇形，扇形里面下方是西湖，上方是城市。

当天马云说的我只记得三句话：

所谓协同就是改变自己、适应别人。

不怕不好，就怕自以为很好。

战略都是赌的，但赌的不都是战略。

“双十一”狂欢

11 月 11 日从前是“光棍节”，这几年开始变成了淘宝购物狂欢节。选这个日子是有原因的，因为它处在国庆节和圣诞节中间，又是一个换季的时节，所以是打折促销的好时间。

2011 年“双十一”淘宝网成交金额大约是 50 亿元人民币。

2012 年“双十一”前夕，淘宝网对该天交易额过 100 亿元很有信心，所以就邀请了“云锋基金”的各位同学当天来公司见证。“云锋基金”是马云和虞锋共同发起的，很多企业家都参与了，当天来的企业家就有参加“双十一”大促的“美邦”、“七匹狼”、“依文”等品牌的董事长。

“双十一”当天，由于流量过大，各大商业银行都不同程度地出现了支付阻塞的情况，但历史纪录还是一个个被打破。

中午马云带“云锋基金”的同学们在龙井吃饭，下午 1 点多，中饭还没有结束，马云宣布：“告诉大家一个好消息和一个坏消息，好消息是现在 100 亿元提前到了，让我们欢迎一下这个‘早产儿’。坏消息还是这个消息，我原来预计是晚餐前后会过 100 亿元，本来想安排一个小仪式的，现在计划全乱了。”

大家举杯欢呼庆祝！

下午和晚上大家参观了阿里巴巴、支付宝和淘宝，重点参观了几个“临时作战室”，感触很深。

“双十一”当天最后成交金额是 191 亿元，之前大家都有预测，最接近的是《英才》杂志的美女社长宋立新，她之前预测的是 188 亿元。

一次不成功的分享

2013 年 3 月 23 日，华夏同学会上马云做闭幕讲话，在讲话前他让我讲十几分钟的阿里巴巴企业文化，台下都是我的偶像，我比较紧张，还拿了一张提纲纸：

“各位偶像，辛苦了。我是马总的助理陈伟，我跟昨天介绍公司业务的助理不一样，他属于不务正业，因为他懂业务。助理是什么？他就像一把宝剑的剑鞘，它的职责是在保护剑‘利’的情况下，安心于自己的‘钝’。剑鞘‘利’伤到的是自己。

“我从不钻研业务，但所幸的是阿里巴巴还有一些跟业务不大相干的事。第一是企业文化，每年的 5 月 10 日是‘阿里日’，这是 10 年前走出‘非典’隔离同时宣布成立淘宝网的日子。当天一部重头戏是阿里公司的集体婚礼，这几年每年都有 500 多对新人参加，公司负责往返杭州的机票和住宿。晚上还有大型晚会，参加晚会的超过1万人。但我遗憾地告诉大家，尽管每年都是马总证婚，新人个个都海誓山盟，但还是有少数人第二年就离婚了。当天还是‘阿里开放日’，员工可以带着爸爸妈妈、爷爷奶奶等家里人来公司参观，接待规格和总理来时一样，而且线路会更长，中午公司还提供简餐。

“6月1日是‘阿里儿童日’，员工可以带孩子来上班，行政部门会安排孩子做各种游戏，当天整个公司园区就像是一个儿童乐园。

“公司经常会举办各种有趣的活动，比如‘阿里吉尼斯’，选出阿里巴巴公司最大的眼睛、最长的头发等。女同学阿斗参加其中的‘最大嗓门’比赛，边上放着分贝仪，比赛照片外流，被不怀好意的某国外媒体说成：‘中国学生学习压力大，她们只能用这种方法来发泄。’

“日常的活动有‘阿里十派’，其实现在已有20多派了，除各种球类外，喜欢唱歌的有‘音乐公社’，喜欢跳舞的有‘精舞门’，吃货同学可参加‘美食派’。阿里巴巴是吃饭AA制最普遍的公司，因为大家都会用支付宝，一人埋单，其他人‘支’给他，不仅很方便，还可以精确到‘分’。目前活动搞得最好的是‘单身派’，一是有交友渴望，二是争取‘双职工’，肥水不流外人田。

“有人说太极是阿里巴巴的企业文化之一，而我认为正相反，阿里巴巴是太极文化在网络时代野蛮生长的副产品。目前我们有6位教练，都是全国冠军，还培养了18位员工助理教练，其中有副总裁。今年起阿里巴巴新员工培训计划里就有太极必修课，不仅为强身健体，更重要的是学习太极的思想。

“另外介绍一下阿里巴巴的公益事业，阿里巴巴集团营业额的3‰将用于社会公益，这是一笔不小的数目。公司通过全员参与竞选出10名员工组成‘员工公益委员会’，由委员会讨论、考察，决定该做哪些公益项目。

“我们还鼓励700万名淘宝卖家一起参与公益活动，现在淘宝上已有很多‘公益宝贝’，每卖出一件‘公益宝贝’，就会有设定的款项进入指定的公益项目。

“公司还组织了各种‘幸福团’，帮助残障人士或孤寡老人。

“最让人感动的是，淘宝和支付宝还各有一支虚拟团队，利用业余时间开发软件，连接‘读屏器’，让盲人也能上淘宝购物。更神奇的是，现在已有盲人大学生开起了淘宝店，太不可思议了。”

讲了企业文化之后我还介绍了“淘女郎”，这是一个给淘宝服装卖家提供非专业模特的平台。当时我讲解得不太清楚，偶像们都没听明白，于是我说：“这是给年轻漂亮又不愿意去正规单位上班的女孩提供的一个职业平台。”

事后马云私下点评了我的这次分享：“讲得不好，没有讲出你平时说话的风格，最大的问题出在那张提纲纸上。因为紧张你备了一张纸，因为有纸做依靠，你比什么时候都忘得快，动不动就看着纸念。另外，不要为讲文化而讲文化，要讲一些真实而生动的故事让别人去感受文化。”

马云的点评对我帮助很大，之后我去给浙江小百花越剧团讲太极，不仅没带纸，连腹稿都没打，想到哪里讲哪里，东拉西扯，结果讲得不错，我自己以为。

新年致辞

点滴的企业文化构筑成企业的灵魂，灵魂强大的公司才是真正强大的公司。在外人看来，阿里巴巴这些年发展得很顺利，其实十几年时间公司犯过很多错误。马云认为，“百年老店”犯过的所有错误阿里巴巴一个也没有幸免，只是我们可能比别人更快地从错误的泥潭里拔出腿，这要归功于企业的灵魂。

2012 年阿里巴巴内部做了很大的变动，把集团从“七剑”变成了 25 个事业群。

马云在《阿里人》杂志中给阿里亲友们的“新年致辞”是这样写的：

阿里亲友们：

新年好！

2012 年已经过去，新纪元开始了！

跟往年一样，阿里在 2012 年里发生了很多变革。每次变革都会带来阵痛，有些甚至是撕心裂肺的。我和大家一样讨厌频繁的变革，但今天不变明天会更痛，世界正在发生着巨大的变化，所以我很抱歉地告诉大家：阿里的变革不会是一时的，而将是时时的。所幸的是阿里人内心有足够的能力来承受这些变革。

2012 年我很高兴地看到，有一大批年轻的阿里人在成长，他们各方面的进步超出想象，而这背后包含着成千上万阿里亲友们的信任、支持和鼓励。我知道！感谢你们！

发展、创新、进步都是硬道理！但我恳请大家记住：在千真万确的进步之上，是千真万确的健康！健康是一切！认真生活，快乐工作！我们才有机会看到所有期待的事情发生！

新世纪，我们依旧同行！

第十章

马云与各路牛人

意外的赞助费

2011年6月，我陪马云去香港开会，其间马云跟虞锋一起吃饭。虞锋和马云一起创办了“云锋基金”，他俩是很好的朋友。虞锋是基金会的主席，他是我认识的企业家中最玉树临风的，不仅长得帅，还有完美的身材，身高1.85米，通常的装束是名牌而低调的西便装、名牌而低调的牛仔裤、名牌而低调的休闲皮鞋。

吃饭时马云好像突然想起了什么，说：“虞锋，之前你好像说过要出钱给陈伟出书的哦。”

《这才是马云》出版前，马云拿了一部分草稿给他看过。虞锋说：“是啊，我当初是说假如没有出版社给他出的话我出钱给他出。现在已经出了，而且是不同的出版社抢着出……”

没等虞锋说完，马云抢着说：“也就是说你想赖？”

“我没有想赖……”

马云马上转过头对我说：“陈伟，虞总不会赖的，你把账号发给他。”

这时虞锋笑了：“好吧，陈伟，你把账号发给我吧。”

我还没弄明白发生了什么事，就当是开了个玩笑，说：“好吧！”

饭后我真的把账号发给了虞锋，第二天账上多了一笔款，6位数。

感谢虞总！其实根本不存在赖不赖账的事，马云和虞锋只是为了让我高兴一下。而且之后虞锋还给投资“云锋基金”的每位大佬发了一本《这才是马云》，再次重印时虞总还帮我写了推荐语：“……说句实话，这是我唯一看完的写马云的书。”

这以后我就开始嘲笑所有见得着面的作家：“写本破书到处求爷爷告奶奶，希望名人写个序或给一句推荐语，而且很多都是自己写好了拿去求名人首肯，我是别人给写推荐语还赞助我。哈哈！”

沈国军

银泰董事长沈国军是马云特别要好的朋友，马云和沈国军在筹办中国智能物流骨干网。

沈总是我的偶像

沈总是我的偶像，父亲捆海带苗，小手在冰冷的海水里冻得通红麻木；周末在泥海滩上用竹节抓跳跳鱼，之后到街上卖了赚学费；含泪一趟一趟挑着远远超过自己体重的大海带上山坡去晒……

父亲车祸离世后的艰难：妈妈和一寡妇在村口开起早餐店，每天凌晨两三点就起床，客人很少，现在想，来的客人也都是因为同情。他从来没见过妈妈有过一元以上的“大票”……

母亲教会了他们兄妹不论贫富都要有骨气，接受别人帮助要知道回报。

最让人动容的是：母亲重病时坚决不肯再睡那张棕绷床，因为那是家里唯一值钱的东西，母亲不愿死在那上面，否则之后卖不出价钱……

沈国军成功之后接所有乡亲去城里吃饭，还给每家送礼物，一顿饭全村人至少谈论了一年。村里所有要找沈国军帮忙的都会在清明节那天来沈国军父母的坟上，因为那天沈国军兄妹几人一定会在……

每一个故事都深深触动着我，也让我思考一个人的品德究竟是怎样养成的。

我个人认为，一个人的成功，聪明、机会和坚持等这些都是显性的原因，而更深层次的隐性原因和逻辑链贯穿于整个成长过程中，是连续且无比细腻的堆积，是无法选几个点就可以解密的。

除马云外，我最希望写的人就是沈国军。那次回国后我在北京银泰的餐厅见了一位女作家，我把沈国军小时候的故事讲了一半她就泪奔了。我被迫停止，因为这场景别人看过来：男的滔滔不绝，女的泪流满面，无论是把她看成秦香莲还是公主，我都像陈世美。

郭广昌

谈到太极，马云的另一位好朋友复星集团董事长郭广昌是绕不过去的人物。

马云读大学时是杭州学联主席，郭广昌念复旦时也是学校学生会主席。他们大学时都会牺牲很多学习时间去组织开展各项活动，包括拎个破录音机组织周末舞会、安排年级篮球赛，等等。表面上看这些都不需要多少技能，其实在这个过程中碰到问题、解决问题的经历，使他们在不知不觉中“功力大增”，让他们赢在了大学这“第二起跑线”上。

马云 3 年前推荐郭广昌练习太极，郭广昌很快就抛弃了高尔夫球杆迷上了太极，他说太极不受条件限制，想练随时可练，真好！

郭广昌是一个执行力很强的人，加上自己手上就有健身公司，很快就在北京、上海等地铺开了他的“易太极”，还“拉拢”企业家和名人加入他的“郭派”太极。这两年只要他参加大型活动都会亲自带队上台表演太极。

郭广昌在练太极

尽管马云和郭广昌关于太极最基本的理念是一致的，但练的太极拳却属不同“门派”。现在企业家们也分“马派”和“郭派”，当然马云和李连杰代表的“马派”人数多一些，而且我相信会越来越多。马云常常会对“郭派”的企业家开玩笑：“什么错误都可以犯，别犯路线错误。”

两派之间斗嘴从来没有停止过。“马派”中全国冠军一抓一大把，其中有一些是技击冠军，可以大战少林高手。

“郭派”的人说：“我们练太极是为了强身健体，不是为打架。”

“马派”的人说：“我们也是为了强身健体，但太极拳是太极思想在武术上的体现，能技击未必有哲理，但如果没有一个能技击那一定不够思想，那不是‘拳’，那是‘操’。”

斗嘴还将继续，推广太极的路还很长，大家走着瞧。

李连杰

马云和李连杰共同创建了太极禅国际文化发展有限公司，旨在推广“太极”这一强烈的中国符号和中国的传统思想。

李连杰说，太极讲的是阴和阳、天和地，所以“太极禅”就是天地之间有个人在思考，就是教大家健康和快乐。

李连杰不仅功夫好，口才也特别好，在一起的时候跟我们讲了不少故事：

《少林寺》在农村放映的时候，农村的孩子没有钱，两分钱一张电影票也买不起，于是村长就让每个孩子拿一块砖来抵门票，结果第二天发现村里的厕所被拆了一半。

周迅第一次见李连杰时说："有一个暑假我看了整整两个月的《少林寺》，每天看。"

李连杰听了有点感动，周迅接着说："我爸爸那时在电影院放电影，我暑假没地方去，我都看恶心了。"

某年李连杰去韩国做活动，50名警察没拦住数千名疯狂的影迷，其中一名警察只得带着李连杰狂奔，追上一辆新婚车，拉下新郎、新娘，让李连杰乘车"逃离现场"。

李连杰喜欢研究佛学，很多人都以为是经过2004年的那场海啸后，李连杰想通了才开始学佛的，其实李连杰的佛缘远远比大家想象的要深。李连杰的哥哥李连胜是我的好朋友，有段时间在北京我们每天一起吃饭，他告诉我说他姥姥终生念佛，每晚都是打坐睡觉。50年前，有一次她在东北家里感到心慌，坐立不安，觉得有事要发生，就连夜坐车赶往北京女儿家，第二天快到家时路上迎面碰见女儿和女婿，女婿正要带女儿去打胎，肚子里怀的就是后来出生的李连杰……

当然我和偶像李连杰在道家和太极的思想上还是会有很多不同观点。比如《道德经》第42章："道生一，一生二，二生三，三生万物。万物负阴而抱阳，冲气以为和。"李连杰认为"三"是指人，没有人"万物"没有意义。我认为这有些偏向唯心主义，哲学没有对错，只有认同还是不认同。而我更认同"三"是指"气"，"冲气以为和"是说阴阳存在于万物，有"气"的介入才有可能和谐与稳定。"气"是广义的，在天地这对阴阳中它是物质的空气，在男女这对阴阳中它是意识的“爱”，而太极“以形催气”和中医“精气神”里的“气”，又是能量和意识的混合体。

马云的观点最通俗：“太极禅”是一种生活态度。

要想活得好就要多动，要想活得长就要少动，要想活得又长又好就要慢慢地动——太极。

邓亚萍

2011 年，邓亚萍受邀参加我们公司举办的网商大会的女性论坛，那时她刚接管人民搜索网不久，她提前一天来跟马云聊聊。邓亚萍很健谈，而且依旧看得出世界冠军的那股劲。她关心的是互联网的事，而马云感兴趣的是乒乓球的事，两人聊得很快乐。

马云问她，打乒乓球时如果没看清对方发球是哪种旋转时怎么办？邓亚萍说：“有时看球的走向能判断球旋转的方向，有时通过看球的商标的运动方向判断它的旋转方向，如果都不行，那就用重板，以速度克制旋转。”

“速度克制旋转”这一提法让我有所感触，人经常会在错综复杂的环境中不知如何决断，其实这时候信念很重要，让信念强大，让它成为“重板”，事情就会按“重板”的方向前进。这与佛学中的“念念不忘，必有回响”是不是有类似的意思呢？

第二天邓亚萍上台演讲前又遇见了马云，马云问她准备得怎么样，她说：“还是有点紧张，怕对阿里巴巴的文化不了解，昨天晚上还特地看了你助理写的书。”

周立波

马云和周立波在一次活动上相识，这两位长江以南口才最好的人相见恨晚成了朋友。在上海那一天，周立波约马云去他家里吃中饭并探讨做公益的事。马云之前的会超时了，加上路上又堵，赶到周立波家时已整整晚了一个小时。周立波来开门，虽然是在家里，周立波依旧是头发锃亮，裤子笔挺。一开门，脸上装出一副很夸张的表情，双手一摊，开玩笑地对马云说："我已经等成怨妇了。"

马云以攻为守："我也已经被堵成怨妇了，波波，上海的交通你到底管不管？"

周立波："交通不是第一天这样，你又不是不知道。"

马云："最守时的是退休工人，你通知他们早上 7 点到公园集会，5 点钟已经到一大半了。以后我退休了你约我，我提前两天到你们家。"

公益还没开始谈论，两人先润润嘴。

范曾

范曾是一位优秀的书画家，王利芬介绍他来杭州参观我们公司，和马云交流思想。范曾的助理拿电脑给我看范曾的画，功底了得。范曾不仅画画好，国学功底也很深。我认为他是画画的人中最懂国学的，也是研究国学的人中画画最好的。他的一些观点让我受益匪浅，比如他说："领袖人物对正事以外的喜好、推崇要保守，否则一定会过头。"想想历史上帝王喜欢鹿、喜好珊瑚、喜欢蟋蟀等故事，无一不是教训。

其间，他看见马云桌上有一个肌肉男的小雕塑，问："这塑的是谁啊？"

马云开玩笑说："那是我啊！"

范曾："你？这肌肉……"

马云："那是塑的我的将来，我现在年纪小，过几年我就长成那样了。"

后来马云看范曾很喜欢那个雕塑，就送给了他。

郭台铭

郭台铭跟马云算是很有缘，他在大陆第一次上台就是跟马云对话，在广东。之后他来杭州，马云邀请他西湖泛舟，下船时西湖边有小女孩追着他卖花，10 元钱一朵玫瑰。他翻遍口袋没有钱，这时我们公司的小黄拿出 10 元钱准备给小女孩，郭台铭像小孩子一样抢过钱，说："你把钱给我，我付给她，这样才算是我买来送太太的哦。回去我一定会把钱还给你。"事情过去六七年了，10 元钱一直没有还，下次有人见到郭台铭提醒他一声，他还欠我们小黄 10 元钱。

2012 年，郭台铭越来越感觉到互联网的威力，所以多次带着他的团队来我们公司座谈，他每次都戏称自己是"刚闯进互联网的小白兔"。

最近一次来是晚上，马云因为给一位高管去证婚来晚了，赶到时会议已进行了半小时。马云一进门，郭台铭先开口："欢迎马云来我们'天猫'指导。"大家笑。马云说："不好意思，我去给人当证婚人了，他总算结婚了。男人是铁，女人是水。结了婚的男人才是钢，因为泡过水了。"

2013 年春节的前两天，郭台铭邀请马云去他设在台湾的公司总部做个交流，因为只有这个时候他在全球工厂的领导层人员才能全部集中到总部。马云两个半小时的演讲非常精彩，结束时全体起立鼓掌。郭台铭送马云的时候说："你讲的哪里是商业，你讲的是哲学。你不是企业家，你是哲学家。其他人听了都开心了，唯一不开心的就是我，本来我在公司是 NO.1，现在我变 NO.2 了。"

周星驰

周星驰也是我的偶像，之前只在浙江电视台见过一次，很多年前了。2012年周星驰拍《西游·降魔篇》，大陆市场由华谊负责，而马云是华谊的大股东之一，所以华谊的总裁王中军就在影片上映前安排了马云和周星驰的一场对话，也算是给影片做宣传。

对话在中国传媒大学举行。马云和周星驰之前没有见过面，所以活动前双方就在传媒大学的食堂里一起吃个饭“破冰”。

一见面双方就相互调侃，马云说：“我是看着你的电影长大的。”

周星驰说：“我是看着你的电视演讲长大的，你站在我的面前我觉得很不真实。”

周星驰因为普通话讲得不是很好，所以语速不快，但还是不时地会流露出他的周氏幽默。

活动开始，尽管马上就要期末考试了，但到场的同学依然是人山人海。

对话的气氛很热烈，其中周星驰还跟着马云现场打了几招太极。

当天来的还有黄渤和柴静。

马云和周星驰、黄渤等人在一起

理发

马云脑子转得快，所以头发长得也快。2012 年国庆期间，马云带着环保的课题随大自然保护协会去苏格兰原始森林考察。为方便起见，临出发前马云剃了个光头，史玉柱虽然没有去，可有同去的朋友把照片发给了他，结果史玉柱把照片发上了微博。

马云剃光头引来了媒体各种猜测，其中较为“一致”的一种意见是：之前有两个小型电子商务网站在很热闹地拼价格，马云和史玉柱打赌谁会赢，最后马云输了所以剃光头。有朋友来向马云求证时，马云都是说：“当答案没有放在我口袋里时，我是从来不和人打赌的。”

马云和史玉柱不可能会为小网站的事去打赌，我也发了个微博：“你见过高年级的同学为低年级的事打赌吗？”

乔治是马云的“御用”理发师，也是我们的朋友，他常常作为唯一或“唯二”的中国评委参加在俄罗斯、德国、日本等地举办的发型大奖赛。乔治老家在江苏盱眙，我们常常“夸”他：盱眙在历史上只出过三样东西，朱元璋、小龙虾和乔治。

理发对马云来说是个不错的休闲活动，从洗发到剪发一个半小时既不能打电话也不能看新闻。马云很多有趣的故事和经典语句都是理发时说给我们听的，比如“聋子听哑巴说瞎子看到鬼了”等。因为放松，马云常常笑得很大声，有时会惊动三四个理发包厢之外的人。理发时常会有人跑过来说：“马云，你还认识我吗？”

接下来通常会出现类似这样的场景，马云说：“面熟。如果提醒我你名字中的 3 个字我就知道你是谁。”

“我是 8 年前参加过第二届网商大会的刘玉凤，你还跟我握过手。”他们明显高估了马云的记忆力。

马云上吴小莉的节目

可是近几个月，每到要剪头发时就很忙。一次是上吴小莉的节目——浙江卫视的《与卓越同行》，人家实在看不下去，现场给马云剪了头发。又一次是企业家俱乐部年会，马云有节目，又是现场剪头发。再是年度经济人物颁奖，在央视"大裤衩"里又现场剪了头发，马云边剪边开玩笑："这几个月剪头发省下不少钱。"

后悔的投资人

2013 年 3 月 22 日，华夏同学会第 20 次会议在我们公司举办。马化腾、李彦宏、冯仑、沈国军、陈东升、李东生等我的偶像们都到齐了。

上午会议在滨江园区举行，马化腾说："我是第一次来这里，但之前我来过一次阿里巴巴，10 年前参加'西湖论剑'，当时大家的公司都很小，我记得马云用的还是一辆破车。"

马云笑着纠正："确实不是什么好车，一辆白色本田，但是是新的，哈哈！"

马化腾说："淘宝网刚办起来时，马云跟我谈起过，当时我本有机会投 15%。一是我并不看好，再是我觉得占比太少，要投就占 50%，现在我悔都悔死了。"

这时另一位企业家说："我也一样啊，当年我手里有 5 亿元，有人建议我投腾讯，我还经常见到马化腾，可他一次也没跟我说明白腾讯是个啥东西，否则我现在做慈善公益想怎么做就怎么做了。"

事业做得越大，沿途错过的也就会越多、越大，这是辩证的。

尽管大佬们在分享时表现得很轻松，听众也一笑了之，但其实有些"错过"会成为他们内心永远的痛，我以为。

振兴越剧

浙江嵊州是越剧的故乡，绿城集团的老总宋卫平是嵊州人，马云是嵊州的女婿，茅威涛是越剧第一人，所以三人常常会为越剧的发展聚在一起。

马云和宋卫平已经为越剧共同投资筹建了一个项目，但大家觉得还不够，投资的方式也不够有娱乐精神。所以，在最近的一次聚会上，他们有了新创意：马云和宋卫平在2013年要打10场牌，每次双方各派5人，每次输的一方捐一笔款给这个项目。大家都认为这个主意好，还没开打，斗嘴就先开始了。

马云说："虽然这种扑克我只玩了 3 年时间，但已经是天下无敌了。"

宋卫平说："才玩两三年的人都会有这种错觉，我们会让你知道玩过 50 年牌的人和玩过 3 年牌的人差距到底有多大。"

马云："牌龄和年龄一样，绝不是越大越好。小时候是'迎风尿十丈'，老来是'低头湿鞋帮'。"

最后大家还提议除了每次输的一方要为越剧捐款外，年底总比分如果马云输，马云要去绿城做一个星期保安；如果宋卫平输，宋卫平要来阿里巴巴做一个星期保安。而且必须穿上保安制服，如果有人围观，还要像春晚小品里一样，昂起头用河南话说：“握嚼熬（我骄傲）。”

马云听了这个建议无比兴奋，双手握拳不停地捶打着餐桌。

第十一章

和马云一起行走

脸面

随着公司业务在美国的不断扩展，出于资本运作的需要，2011 年起马云去美国的次数多了。

我们一般从阿拉斯加入关，马云喜欢这个人烟稀少的地方，每次都说：“下次我们一定要在阿拉斯加住两天，去海边钓钓鱼。”我已经经历了很多个“下次”了，却一直没有时间去海钓，我还在等下一个“下次”。

阿拉斯加离北极圈很近，所以夏天晚上九十点钟天还大亮。每次我们过机场海关，大厅都很整洁，里面只有两三个工作人员，他们身上佩着枪，有威慑力但工作时却始终面带微笑，墙上很醒目地写着“We are the face of America（我们是美国的脸面）”。马云赞赏他们的工作，在后来的一次淘宝“敲钟会”上，马云的发言流露出了他的这份情结：“……务虚的会我们要开，但最终目的是为了务实。我们运营的不是电子商务，而是信任和体验，当然没有电子商务我们什么也不是。星巴克卖的不是咖啡，而是体验，淘宝应该是现代人的第二生活空间。淘宝从一开始的不自信到自信，然后到自负，有的小二现在甚至是傲慢，我们不是城管，我们是微笑的带枪警察。We are the face of Taobao（我们是淘宝的脸面）.”

加州汉堡

2011年5月底，我们来到洛杉矶，住在海边。

第二天见到了杨致远，他比起2009年来杭州时黑了、瘦了、头发长了，但更帅了，依旧那样nice，也许跟这几年的生活状态有关，他养马、种葡萄、酿酒。这次马云找他，除了老朋友见面聚会外，当然还谈到回购雅虎的事。具体谈论的内容就不说了，不是不能说，是我不知道。他们开会谈判，我在海边散步。

加州阳光名不虚传，海边就更美了。住我隔壁的就是从日本专程来这里拍结婚照的一对新人。

第二天我们去参观了迪斯尼总部和好莱坞山，一位满头白发的老员工介绍公司时如数家珍，从公司创办开始一一道来，看得出他对公司的无限热爱，马云很喜欢。

中午，同去的老外同事John带我们去好莱坞街一个很有名的汉堡店吃饭。队伍排得很长，价格也比其他地方贵一倍，半小时后我们才拿到

迪斯尼老员工

汉堡，可马云和我吃完都没有觉得这里的汉堡有什么特别。马云问 John，John 说他也是听说这里很有名，我说:“特点还是有的，就是人多汉堡贵。哈哈！”

D9 考问

我们公司在美国的顾问当天晚上来见马云，一个长得很帅的美国人，但他表现得很紧张，因为马云第二天要参加《华尔街日报》举办的 D9 会议。这是一个考问著名企业 CEO 的会议，来参加的都是全球各大投资机构的头头脑脑，之前曾让许多全球著名公司的 CEO 不知如何作答，下不了台。马云是第一位参加这个会议的中国人。我们的顾问工作做得很仔细，他列举了各种可能性。但马云很轻松，显然已经做好了“兵来将挡，水来土掩”的准备。

第二天会场上挂着将被考问的 CEO 们的画像，其中马云的最大，在马云之前上场的是诺基亚的总裁，下场路过我身边时我看到他额头明显有汗。

洛杉矶 D9 会议海报上的马云

马云最后一个上场，对答如流，台下掌声四起。

会议结束后，有位著名投资人叫住马云聊了一会儿，邀请马云晚上去他家里喝茶，看来他们之前就是好朋友。

晚上我们应邀而去。一个山坡上去就只有他一户人家，一座硕大的白色别墅镶嵌在青色的山林间。天下着小雨，给我们开门的是穿着一身黑制服、身高 2 米以上、体重预计不下 300 斤、满脸带笑的黑人，手里举着一把巨大无比的黑伞。我感觉像电影里的场景。

那晚，这位投资人谈到他已决定投资中国的一家公司。马云说："你既然已经决定了，那我祝你好运！"

一年以后这位投资人打电话给马云："那天晚上你为什么没有阻止我？"看来他投的那家公司并不怎么样。马云笑着回答："任何教训都是要付出血的代价的。"

走马观"人"

GE 公司前总裁杰克·韦尔奇是马云的老朋友，他一年前就邀请马云来参加他主持的 G100 年会。

我是第一次见到杰克·韦尔奇，之前只看到过照片。他明显老了，而且说话声音有些颤抖。

出席会议的人不多，就三四十人，但都是美国大企业的总裁。所有人都身着深色西服，只有马云穿毛衣，很好认。会议中杰克·韦尔奇安排马云（中国杰克）做了演讲，讲什么内容我忘了，只记得好几回被掌声打断。

当天下午，我们在华尔街的总部见到了默多克。默多克的副总裁在楼下迎接我们，上楼后默多克满脸笑容地将马云迎进了里屋，尽管默多克满脸褶子，但精神状态很不错。我就在外屋看电视等马云。很巧，电视里正在介绍中国江苏一位姓钱的女士通过阿里巴巴做出口生意，话外音很搞笑："Her family name means dollar（她的姓的意思就是美元）."

2011年9月，马云带我们来到华盛顿，经过白宫时门口有好几拨人在集会，有人在演讲，都是反对政府的，但秩序井然。这时头顶上方传来了轰鸣声，一架军用直升机降落在白宫，我们猜是奥巴马回来了。

唐人街

中午在华盛顿的唐人街吃饭，华盛顿的唐人街并不长，但比纽约和旧金山的唐人街看上去要整洁。我们走进一家比较热闹的店，没想到店里的华人都认识马云，还没坐下就有人簇拥上来，我们赶紧退出找了一家人相对少的店。

吃完饭，店里服务员要求跟马云合影，马云欣然同意。其中有位很年轻、很漂亮的小姐还递给马云一张纸条，说她是留学生，还要学习两年才能回国，而她男朋友已经回国了，说她男朋友非常优秀，希望马云能招他进阿里巴巴，从她的眼神可以看出她对男朋友的无限爱恋。回来的路上，马云说："看到了吧，找老婆就要找这样的。"

国外的中餐馆有一个共同的特点，餐后都会送每人一个future cookie，就是一个油炸的空心馄饨，里面有一张写了字的小纸条。纸条上写的虽然只是看着玩玩，可我发现很多次都很准，这回我抽到的是"This weekend will bring you a surprise"。我想我在美国人生地不熟的，哪来的惊喜啊。结果周末老外同事John去商场买东西，觉得有双鞋子适合我，就买来送给我了。

朱民的育儿观

某天马云约了国际货币基金组织（IMF）的副总裁朱民和我们一起吃晚餐，他谈到了金融对现代企业的重要性，还说：“一个公司的市值一半以上是信誉。”

朱民对养育孩子的看法也很独到：“世界上不缺少一个成功的人，孩子是你的！这很重要。陪孩子成长让我学到很多东西，孩子也教会了我很多东西。”

他还跟我们说起自己年轻时的一些工作经历：曾经常常要将几米厚的文件一页一页、一个字一个字地仔细审查。

我发现所有功成名就的背后都是辛勤的汗水。

贵族蔡同学

马云对人才的看法与众不同，他认为名牌大学的硕士和博士毕业证书只是一张收据，只有适合企业并能给企业带来价值的才是硬道理。马云说：“个人所得税缴得多的人就是人才，没有一个老板会傻到看到你一张博士文凭（大额收据）就愿意付给你300万元的。”尽管如此，马云并没有“歧视”有真才干又“不小心”毕业于名牌大学的人，比如我们的蔡同学（蔡崇信）。

2011年10月初的一个早晨，马云和孙正义以及投行们在硅谷开会，蔡同学也参加了。古话说，“三代为宦，方懂穿衣吃饭”。还有一种说法，“三代耶鲁，才是贵族”。蔡同学家就是三代毕业于耶鲁大学，他就是我们公司的贵族。他是一个很平易近人也很幽默的人，有一次我坐在他身后看了一眼他的电脑屏，全是密密麻麻的数字和曲线。我开玩笑地对他说：“公司最高机密都被我看见了。”他说：“太好了，看懂了你告诉我，我正发愁呢。”

还有一回我和蔡同学同机去美国，当聊到“出发点”和“结果”的话题时，我说：“这就像女人隆胸，出发点都是好的，但结果有4种，大不一样，不大一样，一样不大，不一样大。”蔡同学听后笑个不停，说：“你再说一遍，我要拿笔记下来。”

乔布斯的彩虹

那天早上，雨过天晴。当我们的车到达开会的四季酒店时，天上出现了一长一短两段同心圆的彩虹，后来那条短的慢慢褪去，那条长的越来越长，越来越清晰，最后成了一个半圆。半小时后有消息传来，乔布斯走了，那条彩虹是上天来接他吗？但愿是吧！

加州州长

又过了几天，马云应邀去加州州长杰里·布朗（Jerry Brown）家吃饭，他曾经是美国最年轻的州长，此时却已经是美国最年长的州长。我们的车到门口时，一个风度翩翩的高个老头正在边上遛狗，一身白装，微笑着领马云进门。听说之前有人干了六七年州长，不拿薪水，还自己搭进去2000多万美元，可加州赤字却增加了100多亿美元，看来作为政府官员仅仅廉

马云陪加州州长夫妇游西湖

洁是不够的。其实这样评价之前的州长貌似不太公平，那 7 年换成别人当州长，赤字会更多也说不定，也许是运气不佳吧。

马云给这位新州长介绍了中国的历史和目前中国的进步，当然也提到了家乡杭州。之前州长还不知道中国有杭州、杭州有一个西湖。那一天，州长心里埋下了西湖的种子。2013 年 4 月，州长来到中国，他抽空悄悄来了一趟杭州，马云安排州长夫妇乘画舫游西湖，在船上吃杭帮菜，州长夫妇对杭州的风景和美食赞不绝口。

随口编武侠

在美国，马云晚上经常讲故事给我们听，是他自己编的武侠故事。他慢悠悠地一边给壁炉添柴，一边娓娓道来。故事情节是这样的：

一位从小擅长琴棋书画的王爷，因为一段刻骨铭心的爱情，被迫四处招募各路武林奇才，走上了一条试图推翻王朝的不归路。这位王爷江湖上人称“七爷”，不是排行第七，而是据说他左手有七个手指，但他左手永远都戴着手套，没有人见过，见过的人都死了。故事跌宕起伏，各种包袱都在意料之外。马云讲的时候好像是他上辈子亲历的一样，就算是有些情节第二天晚上有改动，你也会感觉是马云昨晚记错了。在美国的一段时间，每天一早起来我们就在等着天黑，好听马云往下讲故事。

有人问我马云辞了 CEO 后会做什么，我想马云会希望把这本武侠书写出来吧。

呼伦贝尔草原

2011 年 7 月，大自然保护协会组织去呼伦贝尔草原考察，并研讨对草原的保护和发展。

与我们同机的还有其他企业家及夫人。其中有几位的孩子都在国外念书，于是孩子成了他们谈论的话题。一位太太说："学校很漂亮，连宿舍的走道都很整洁，可一进房间就是另外一个世界，一塌糊涂，你都找不到地方站。每次去就是整理房间、大扫除，孩子还不让，说在他们学校里房间收拾得整洁的都是同性恋！"

有些企业家因为跟马云关系好，有时会问到属于公司商业机密的内容，马云从不做正面回答，而是说："一个人的分量是由他棺材的分量决定的，棺材的分量是由他带走的秘密决定的。如果一个人到死的那一天什么秘密都没带走，那他就白活了。"

到了呼伦贝尔，东道主老牛（牛根生）热情地接待了大家，老牛告诉我们呼伦贝尔有 7 个英国加 1 个瑞士的面积那么大。

我们先参观了一个草原湿地保护区，之后一路听着草原歌曲，去往中俄边境的一个小镇。沿途除了草原还有不同的树林、不同种的马群，7 月份了，大片的油菜花盛开。

呼伦贝尔草原合影

我总感觉我们路过了成吉思汗的墓地，尽管不知道具体是哪里。据说当年下葬成吉思汗的队伍往茫茫草原走了七天七夜，路上没有留下任何标记，只带了母子两头骆驼。在草原上只有骆驼能认路，下葬时把骆驼儿子做陪葬，这样下次要来扫墓时，那痛不欲生的骆驼妈妈才能找到儿子埋在哪里。人真是太残忍了！

到边境小镇已经是晚上了。坐下吃饭时，我把在路上已经请教过当地人的问题拿出来考企业家，其中有一题是："奶牛有几个奶头？"没有人回答正确，这时老牛过来揭谜底："一个奶包，四个奶头。"你是不是也以为奶牛和母猪、母狗一样是"双排扣"？

晚饭我和马云不同桌，酒过三巡，我感觉肩膀被拍了一下，回头一看是略带醉意的马云，他说："等下他们要邀请我唱歌，你也准备一下那个模仿希特勒的节目。"我一下子紧张起来，那个节目我已经好几年没演了，台词都忘了，于是我赶紧跑到厕所里去排练了好几遍。

陆续有企业家和工作人员上台表演，等马云上台唱了一首草原歌曲后，老牛抱着他的小孙女上台，说："我宣布第一名是马云，评委是我孙女，因为张幼才唱的时候她跑到了屋外，而马云唱的时候她都想爬上台了。"

一阵掌声之后马云把我表演的事全忘了，其实那也是我希望的。

草原比赛

第二天我们回到了草原中部，吃烤全羊前观看了一些表演，有射箭"百步穿杨"，还有摔跤比赛。8个摔跤手个个虎背熊腰，单淘汰赛，最后决出第一名。这时摔跤手邀请观众下场跟他们比赛，可以三对一，太欺负人了！黄怒波等穿上摔跤服下场跟他们一对一，结果很快就被他们掀翻了。但他们怎么也没料到马云这次有备而来，带来了太极推手冠军，他悄悄下场挑选8个摔跤手中最厉害的那个对阵，几个回合下来，就让对手四脚朝天了。对方不服，再来，又是四脚朝天。企业家们欢呼声一片！

下午分4组进行拔河比赛，决赛时两边都有外人“帮忙”，重新比，又有人检举赢的一方有“外援”。总裁判老牛说：“我是一个公正的裁判，只要有一方不服，我就会一直让你们比下去。”一共拔了4次，最后大家都“服”了，并列冠军。比赛完我明显感觉手臂比之前长了。

晚饭后是篝火晚会，然后马云组织大家坐在星空下讲鬼故事，虽然鬼故事都大同小异，小时候都听过，但马云讲起来还是会让人毛骨悚然。

打呼噜

当天一半的企业家住蒙古包，7月的草原，晚上还是很冷很潮湿的。马云、沈国军、太极冠军和我4人住一个蒙古包。整个夜晚极其安静，连虫子的叫声我都没听见。

第二天清晨，跟我们隔了5个蒙古包的闻佳同学过来说：“昨晚你们这个方向好像有人打呼噜。”

我说：“真的吗？我一点儿也没有听见。”

“你当然没听见，”马云说，“就是你打的！”

我很内疚，隔着5个蒙古包都能听到呼噜声，可以想象昨晚马云和沈国军的生存环境有多恶劣。

第十二章

从“退休”到上市

宣布"退休"

2013 年，随着阿里巴巴的社会影响力越来越大，马云越来越觉得接下来自己不能被公司的具体业务缠住，而应该去做一些对整个社会都有益的工作。

他决定辞去 CEO，只做董事长。鉴于其他公司换 CEO 公司经营会发生混乱的教训，马云希望能平稳过渡。在 2013 年的 1 月和 3 月，相隔两个月，马云给全体阿里员工发了两封邮件。

第一封

各位阿里人：

期待写这封信很久了，终于等到了这一天、这一刻……

我将从 2013 年 5 月 10 日起，不再担任阿里巴巴集团 CEO 一职，将全力以赴做好集团董事局主席工作。

此时此刻，我只是想和家人、同事、朋友、合作伙伴，所有的亲们说声："谢谢！"谢谢你们支持了我 14 年。我知道自己的性格和做事的方式方法，是你们的宽容和信任，特别是全力以赴的创造，让我有了人生最珍贵、最难忘的 14 年。

9 年前初创淘宝时，有位投资人朋友和我聊天，希望我有一天不要再担任 CEO。他认为我不会是个标准版的合格 CEO，我同意他的看法，呵呵。但我知道那时候的我和公司都没有准备好。从那时候起，我和我的团队就开始为这一天努力。我们也许不会是最成功的公司，但我们希望自己是最持久、最具活力的公司。

这14年来，阿里的业绩让我骄傲，但更让我惊喜的是阿里人的成长。阿里独特的文化造就了大批具有独特魅力的阿里人。作为创始人CEO，退出CEO这个职位是个不太容易做出的决定，因为这容易造成误解。特别是在我这个年龄，还是常规意义上年富力强的时候。我绝无偷懒之想法，尽管担任阿里巴巴CEO绝非易事，我是因为看到阿里年轻人的梦想比我的更美、更灿烂，他们比我更有能力去创造属于自己的明天。

14年的创业经历让我幸运地看清了自己想做的、能做的和必须放下的。从心底，我佩服今天的年轻人。对于互联网行业来说，48岁的我不再“年轻”，阿里巴巴的下一代比我们更有优势来运营好互联网生态系统。

互联网是年轻人的天下，今年，阿里绝大多数生于60年代的领导者将会退出管理执行角色，我们将把领导责任交给70后，甚至80后。因为，我们相信他们更懂得未来，更有能力创造明天。能给他们提供更多、更大的舞台是我们的责任，更是我们的荣幸，也是我们这些人可以给公司未来创造的最大贡献所在。

大家肯定很关心谁是未来的CEO吧。接任创始人CEO是个很艰难的工作，特别是接任像我这样性格鲜明而又属于“ET”类的CEO更是需要有巨大的勇气和牺牲精神。所幸阿里有数位这样的领导者，每一位都具有罕见的领导魅力和个人风格。他们将会给未来的阿里带来不同的元素和气质。但要说服他们做出如此巨大的牺牲和投入，确非易事，这也是我考虑了一年多的事。所以我提前数月宣布离任CEO，鼓励年轻同事站出来担当，大家不用担心，我们有信心在5月10日宣布新任CEO。

各位阿里人，阿里立志发展102年，我们还有88年的路要走。没有健康、优秀的年轻人接班制度，很难想象我们能走到那一天。今天只是我们未来N次领导者轮岗换班中的第一次。今天的阿里巴巴已经有这样的能力、实力和责任做好接班人制度的建设，而且我们必须有这样的能力。

再次谢谢大家对我的信任。在接下来的几年里，我将主要负责阿里巴巴董事局的战略决策，协助CEO做好组织文化和人才的培养，并将会与大家一起加强和完善阿里的公益事业。

我相信，做让自己开心的、自己能做的、配合好比我强的人的工作是今天的我最应该做的、最正确的事。

阿里人，GO！

马云

2013.1.15

第二封

各位阿里人：

我特别高兴地向大家宣布，集团董事局决定任命陆兆禧担任阿里巴巴集团CEO，接任我的CEO职务，全面负责除阿里小微金融服务集团（筹）以外的所有业务，并将于2013年5月10日淘宝10周年之时完成所有工作的交接。

陆兆禧和我共同工作了13年，他历任阿里巴巴B2B广东销售创始人、支付宝公司的创建总裁、大淘宝公司总裁、阿里巴巴B2B上市公司CEO、集团首席数据官（CDO），以及阿里云OS总裁等职位。他不仅热爱并熟悉集团各项业务，参与了阿里的文化和组织建设，培养了众多人才，而且有自己独特的领导风格和魅力。

陆兆禧对新事物的欣赏和学习能力，对关键问题的判断和决断力，以及强大的执行力令人印象深刻。更重要的是，在阿里13年的经历造就了他的乐观和坚忍不拔，以及对小企业、消费者的忠诚和感恩。

出任阿里巴巴集团CEO是个极具挑战性并无比艰难的工作，特别是接任我这样一位创始人CEO，陆兆禧身上肩负的职责和各方压力可想而知，为此，我特别感谢老陆做出的巨大牺牲和投入。我深信他会在大家的支持和帮助下，带领阿里集团在商业生态建设上创造更大的奇迹。

这是阿里巴巴首次执行CEO接班人制度，未来我们还会有很多次。每一任CEO和领导者都带有自己的使命和职责。没有您的支持、帮助、完善和宽容，我坚持不了14年创始CEO的任期。同样，阿里人对陆兆禧任阿里巴巴集团CEO、彭蕾任阿里小微金融服务集团（筹）CEO的全力支持，将会是我们共同事业成功的关键。阿里巴巴的事业从来就不是CEO一个人的事业，而是我们每个人的事业。

从5月10日起，我将会全心全意地做好集团董事局主席的工作，这对我也是个新的挑战，我会努力不辜负大家，争取做一个合格称职的董事局主席。

各位阿里人，14年来，我们经历了无数挑战，我们希望阿里成为真正的社会企业，of the society, by the society, for the society. 只有怀着对昨天的感恩和对明天的敬畏，只有让自己真正承担起完善社会的职责，只有把阿里的运气转化为无数创业者的运气，我们才能走完未来的88年！

马云

2013.3.11

参与社会活动

从宣布“退休”以后，马云参加的社会活动增多了。

2013年4月12日，马云在北京参加了《英才》杂志和太极禅共同主办的“江湖会”，见到了李连杰、任志强等很多老朋友，相谈甚欢。

马云和任志强尽管内心相互欣赏，但见面聊天基本以相互“挖苦”为主。就像半年后的淘宝“双十一”销售额超过350亿元，创了历史纪录，任志强却在自己的微博里说：350亿，也就几块地皮的价！而当马云推广“来往”时，任志强却建起自己的“扎堆”，每天在上面唱一段老歌——尽管我觉得全国已很难找到比他唱得更难听的了。

那天“江湖会”，马云一高兴还上台打了一套太极拳。

也是在这次会上，马云阐述了“太极禅是一种生活态度”的思想。他认为，禅是所有智慧和慈悲的总和。只有智慧和慈悲能带给你真正的快乐，“太极禅”倡导的就是健康和快乐。

4月22日是“地球日”，每年这天中国企业家俱乐部都会选一座城市召开“绿公司年会”，这次是在昆明。其间马云有一个夜谈，主题是“商业的未来”。

夜谈虽然安排在当天最晚举行，但来听的人还是最多的。

那段时间马云又买了几本有关魔术的书，自己有空偷偷练，夜谈开始前还给朋友们露了几手。夜谈由王中军主持，他的开场白是：“‘商业的未来’，这个题目给马云很合适，因为他长得就很未来……”

这次会议最后一场活动是所有企业家上台走秀。

柳传志带头，所有企业家都走得很认真而且很有范儿。

5月1日，我陪马云飞洛杉矶，同机的还有虞总（虞锋）。

飞机上，马云讲了很多国际大公司的故事，从通用电气讲到JP摩根，又讲到由JP摩根分出来的摩根士丹利。

具体内容我不记得了，只记得我一边听一边不断地点头。不过，点头不代表我听懂了，只是为了不影响讲述者的积极性。

马云的一个朋友当时刚刚在洛杉矶买了个房子，邀请他去家里坐坐。

花园很漂亮，但坐久了大家都觉得无聊，马云说：“自然环境很重要，但人的环境更重要，四周邻居都是老外，想找人杀一盘‘四国大战’都不行，我是待不住的，哈哈！”

“四国大战”是一种军棋游戏，很老套，但很热闹。阿里巴巴早期很多员工都在马云家里玩过这种游戏，当年马云不仅用这个来融洽跟员工的关系，有时还用来判断员工的性格，据此决定安排他做什么工作。

当天晚上，虞锋在美国当地的一位女同学请大家吃饭，据说是当地最有名的饭店。

到了之后发现果然座无虚席，幸亏之前订了位置。

饭店的老板据说之前是位名厨，他穿着很考究，慢慢地在餐厅里走过来走过去，用餐的人好像大多都认识他，他也很谦和地跟大家微笑打招呼。马云说：“看到他，我又想起了之前的一个梦想，回杭州后我要开始做马式满汉全席了，哈哈！”

虞锋当年曾是复旦大学的研究生会主席，而且长得一表人才，我以为他的那位女同学会讲一些虞锋当年的好话，可她讲的却是虞锋当年的破事。比如有位女同学仰慕虞锋，买了两张很贵的展览会的票，希望能跟虞锋一起去看展览，可是虞锋却说：票可以给我一张，但我不能跟你走在一起……美国的女同学很开朗，边说边笑，丝毫不顾及虞锋会有什么感受。

见埃里森

5月3日，马云参加了洛杉矶的TNC大会，中国TNC的理事都来了。

第一个环节是露天酒会，组委会在露天搭了一个很简单又很漂亮的

马云和埃里森

场地。酒会之后是论坛，马云对理事参与公益的看法是：“呼吁很重要，带头更重要。”

会议结束后，我们去见了一位神人——甲骨文公司的老板埃里森，在他的豪华游艇上。

埃里森的经历十分传奇，念过几次大学却从来没拿到过任何学位，后来却创建了一家世界一流的公司。

快 70 岁的埃里森依然非常帅气，而且很有风度，跟每位上游艇的人微笑合影，因为个子高，合影时他常常会伸出长胳膊圈住你的肩。

埃里森慢慢地、不厌其烦地讲解着游艇上的各种设备及其功能，还说他现在的主要工作是做环保。

他刚开着自己的游艇从夏威夷回来，他说在夏威夷买了一个很大的岛，很漂亮，但岛上没有淡水。他正在用中国的太阳能和以色列的海水淡化系统改造那个岛，还邀请马云有时间去看看。

拜见完神人埃里森，我们从洛杉矶飞往旧金山，其间有七八位企业家同行，当晚去一位投资人家里吃饭，两年前我曾陪马云去过一次。

主人带企业家们一起用正餐，我和另两位随行人员被安排在另一个小房间里吃饭。

大约过了 1 个小时，马云从他们的房间出来打电话，正好路过我们吃饭的地方。他看了看我们的菜，压低声音说：“哇！你们吃得比我们好太多了，我在那边一点儿也没吃。”

说着马云拿起边上一把叉子，叉了菜就往嘴里送，吃完一阵风似的又消失了。

我觉得，这是一个全世界普遍存在的问题，花很多心思精心打造的一桌菜往往是最难吃的一桌菜。

高校分享

马云一直很关心教育，也喜欢去学校与学生做交流。

5 月 4 日，马云在斯坦福大学做了一个演讲，主要针对的是在硅谷的华人留学生，希望他们回国创业或加入阿里。

主办方事先按会场座位数发了入场券，但来的人远远超出预期。很多人都是从几百公里以外慕名而来，所以后来没有票的也让他们进了，结果连过道上都站满了人。

因为听众大多是华人，马云这次是用中文演讲。当讲到扬长避短时，马云说：“别跟乔丹去打篮球，要跟他去下围棋……”有学生问到移动互联网的前景，马云说：“PC 改变的是人们的工作方式，移动互联网改变的

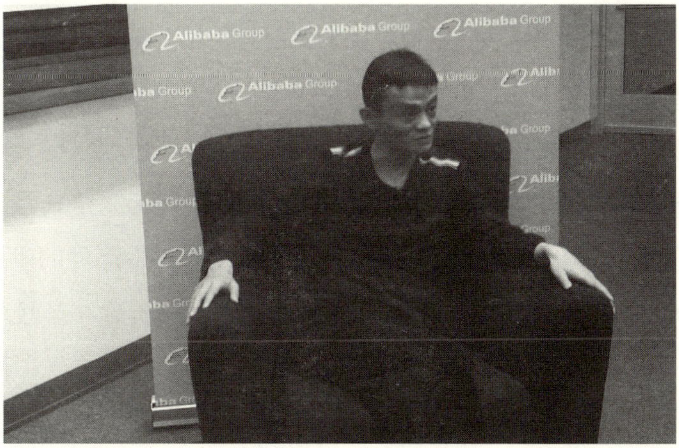

马云在斯坦福大学

是人们的生活方式，这个更彻底……”

马云对母校杭州师范大学总是特别眷顾，去演讲的次数也最多。2013年7月，马云应邀在杭州师范大学阿里巴巴商学院毕业典礼上讲话，以下摘录几句：

这个世界每天都有机会，就看大家怎么去把握。你们永远不要去挑最好的工作，要挑最适合自己的工作；永远不要去做最伟大的事情，要去做那些让你感觉最快乐的事情。快乐比人生什么东西都重要，快乐是你的老师、你的同学希望你拥有的，是你的父母希望你拥有的，也是将来你的孩子希望你拥有的。只有做快乐的事情，才会成为了不起的人。我们要永远乐观地看世界，永远讲真话，永远用自己的脑袋去思考。在别人说找不到工作的时候，我相信，只要你真去找，这世界一定有工作。你工作一天就爱它一天，等机会来了再选择下一个……

很多年来，一直有名牌大学邀请马云做名誉教授或荣誉博士，但他都没有接受。“退休”后，马云第一次接受了香港科技大学的邀请。

荣誉博士的授予仪式定在11月8日该校的毕业典礼上，校方还邀请马云做毕业典礼的演讲，这也是香港科技大学历史上第一次邀请荣誉博士在毕业典礼上做演讲。

校方很认真，提前把服装和帽子送到杭州给马云试穿，马云穿起来怎么看都别扭，他开玩笑说：“这就对了，学校给学生提供的毕业礼服一定是不合身的，这是学校给学生上的最后一课，告诉你在学校学的东西以后到社会上都不适用，必须重新学过才行。”

毕业典礼那天马云用英语演讲。

如果你听过马云的英语演讲，你就不会觉得马云的中文演讲是最好的。

“荣誉博士”马云

活动结束后回到杭州，马云的太太张英开玩笑说：“博士老公回来了啊！欢迎欢迎！”

2014年6月29日，马云还应邀在清华大学经济管理学院毕业典礼上发表演讲，他说：

今天很多人都不满意头上那顶帽子（有个学生的学位帽掉下来了），没有一顶帽子是适合你的，因为这个帽子是学校给你的。我毕业26年，已经把自己的帽子拿掉了，没有一顶帽子适合我，也许在座的各位也一样，每一天都要去探求、寻找适合自己的那顶帽子，打造适合自己的帽子。

我给大家一个提醒、一个建议。提醒是：今天你们获得了堪称中国最高荣誉的毕业证书，但那只是一张纸，只证明这4年、6年或者8年，你父母为你付了很多学费，这只是一张学费的通知单而已；你付了那么多学费，花了那么多时间，过了很多的模拟考，但这仅仅是模拟考而已。也给大家一个建议：如果你们毕业于清华大学，请大家用欣赏的眼光看看杭州师范大学的同学；如果你毕业于杭州师范大学，请用欣赏的眼光看看自己，因为这社会上永远充满变化，永远充满着各种奇迹。

就像刚才学会计学的学生说的，不管你今天多么成功，人这一生只有到死的时候才能够看你到底是赢了还是亏了，我觉得我们才刚刚起步。我也相信今天在座很多人对于毕业以后都有各种各样的担心，比如我是学经管的，毕业以后能当老板吗？或者，我能找到一个好老板吗？能够找到一家好公司吗？其实这些担心谁都有，每天都有。我刚创业的时候天天担心能不能活下来，到后来我担心这个公司会不会长大，到今天公司长大了我担心它会不会倒下，现在的担心比以前多多了。我们每时每刻都处于这种担心中，担心很正常，不担心才不正常。我想给大家的建议，也是我个人真实的感受。这 30 年来，我天天都在担心，但是我担心的是自己不够努力，担心自己没看清楚灾难，担心自己没把握好机遇。有一点是不用担心的，你们一定会遭遇眼泪、冤枉、误区、倒霉等各种事件，一定会碰上，这个不用担心，你迟早都会碰到。

……但是我想跟大家讲讲我心里的感受，未来 30 年，中国的变革会更大，机会更大。从我这个行业来讲，这世界正在从 IT 走向 DT，这两个字的差异背后其实是思想、文化、社会等方方面面的巨大差异。绝大部分人今天站在 IT 的角度看世界，什么是 IT？ IT 是以我为主，方便我管理。而 DT 是什么呢？是以别人为主，强化别人、支持别人。DT 思想是只有别人成功你才会成功，这是一个巨大的思想的转变，由这个思想转变产生技术的转变、技术的转型。

所以我想跟大家讲，所有的变革时代都是年轻人的时代。当然，麻烦也会更多，但今天我看到那么多人以后，我在想这里 70%~80% 的学生如果成为阿里巴巴的员工就好了，我就不用那么担心了，真的。未来 30 年我想跟随大家，是你们将改变这个世界，是你们将把握这个机会。纠结、变革都是年轻人的机遇，也是这个时代的机遇。

在变革的时代我也特别想跟大家分享一下我自己的经历，前 30 年我是坚持 3 样东西，我也希望大家去反思和思考这 3 样东西对你是否有用，也就是 3 个坚持：第一永远坚持理想主义，第二要坚持担当精神，第三要坚持乐观的正能量。

淘宝 10 周年庆

2013 年 5 月 10 日，淘宝 10 周年庆，也是马云卸任 CEO 的日子。

当天下午，马云带企业家朋友们先到太极禅苑参加挂牌仪式，晚上在黄龙体育场参加淘宝 10 周年晚会。

跟 2009 年阿里巴巴 10 周年庆相似，为马云表演什么节目也颇费了一些周折。

我提前一个月选了 10 首歌，做成光盘放在马云的车里，乘车时有空隙就放给他听。

我跟马云说：“马总，您的节目是整个晚会的重头戏，一般人不会记得其他节目，只会记得您唱了什么歌，唱得好不好。”当时我们已经买下了虾米音乐，我“诱惑”马云：“您如果唱得好，我们就把歌放到‘虾米’上去打榜，还可以收费下载，把钱捐给公益。这也许是您成为歌星的最后一次机会。”

之前好几次要给马云安排彩排，结果都没有时间。唯一一次在滨江彩排，马云唱了我们之前帮他选的歌之后，自己又清唱了一段《我爱你，中国》。刚好有领导来参观公司，听到歌声后跟马云说：“是您唱的啊？我们还以为是在放平安的唱片呢。”

平安在《中国好声音》这个节目中就是因为唱这首歌一炮走红。马云说：“真的吗？好！那我就唱这首歌吧。”

5月10日的晚会上有不少太极的元素，台下的一些企业家在交流：“看来有句话说对了，所谓企业文化，就是老板文化。”因为他们都知道马云喜欢太极。

马云上台唱完歌，换了装，又重新上台做演讲，他说：

是什么让我们有了今天，是什么让马云有了今天？我是没有理由成功的，阿里没有理由成功，淘宝更没有理由成功，但是我们居然走了这么多年，依然对未来充满理想，我在想这缘于一种信任。

当所有人不相信这个世界，所有人不相信未来的时候，我们选择了相信，我们选择了信任。我们选择相信10年以后的中国会更好；我们选择相信，我的同事会做得比我更好；我相信，中国的年轻人会做得比我们更好。

20年以前也好，10年以前也好，我从没想过能有今天，我都不一定相信自己，我特别感谢我的同事们信任我，当CEO很难，但是当CEO的员工更难。

今天的中国拥有信任、拥有相信，每天2400万笔淘宝交易，意味着在中国有2400万个信任在流转着。在座所有的阿里人，淘宝、小微金服的人，我特别为大家骄傲，今生跟大家做同事，下辈子我们还是同事。因为你们，这个时代看到了希望，在座的你们就像中国所有80后、90后那样，你们在建立着新的信任，这种信任让世界更开放、更透明、更懂得分享、更承担责任，我为你们感到骄傲。

……

感谢各位，（退休后）我将会从事一些自己感兴趣的事，教育、环保。我们一起努力，除了工作以外，完善中国的环境，让水变清澈，让天空更湛蓝，让粮食是安全的，拜托大家。

我相信，我也恳请所有的人像支持我一样支持新的团队、支持陆兆禧；像信任我一样信任新团队、信任陆兆禧，谢谢大家！

从明天开始，我将开始我自己新的生活，我是幸运的，在我48岁时就可以离开我的工作，在座每个人你们也会的。48岁之前，工作是我的生活，从明天开始，生活将是我的工作……

做搅局者

电影行业

电影《中国合伙人》上映后，国内国外不断有人来找马云，希望能拍以马云为原型的电影。因为他们相信马云的创业经历一定比俞敏洪要精彩。拍过有关马云和阿里巴巴成长经历的纪录片《扬子江的鳄鱼》的我公司前国际公关波特，更是带着好莱坞的制作人和编剧从美国追到杭州来采访。马云对他说：“你们的好意我很感谢！可是我家里的领导（太太）不同意啊！”

我也接到不少电话，说自己长得很像马云，若拍电影，马云一角非他莫属。这其中还有女生。这位女生后来还写了好几封信来，其中附了自己的名片，名片上直接注明：“马云扮演者”。

尽管马云已经明确拒绝拍电影，但一些制作公司还是不死心，他们还在坚持写剧本，希望拿出好的剧本再来说服他。

虽然马云自己的电影暂时搁置，但他对电影这一重要的文化载体一直很感兴趣。早在2004年马云就个人入股华谊兄弟。

阿里巴巴先买下了一家影业公司，之后在此基础上成立了阿里影业。

买下影业公司时，外面有一些声音说：“买贵了！”

每次阿里购买公司或入股其他公司时都会有人说买贵了，也有人说很值，这就像你旅游时买回一块玉一样。而马云的观点是：“买回来如果运作好了就很值，买回来没运作好那才是最贵的。”

2014 年 8 月 6 日，马云跟阿里影业的同事特别做了交流：

我想跟大家表达一下 3 个问题：阿里为什么要进军影业，我们如何进军影业，以及我们的期望是什么。

……今天中国的浮躁，年轻人的浮躁是超越想象的。整个中国电影市场目前的规模加起来是 300 亿元人民币。再过 10 年、15 年，大家知道中国将有 10%~15% 的人成为中产阶级，也就意味着，将会有一亿到两亿人成为中产阶级。除了吃喝以外，中产阶级最重要的是精神文化享受，300 亿元的规模是不可能满足两亿中产阶级消费者的需求的。也就是说文化供给不够，一定会导致这个国家精神食粮空虚，这个时候麻烦就大了。

至于影业公司该怎么挣钱，我真不知道，但是我告诉大家，如果能够从今天两三百亿元的规模做到 2000 亿元的市场，一定能挣出钱来的。当初淘宝全免费，你说这怎么挣钱，我说淘宝交易额到一万亿元的时候一定能挣钱，事实上果然如此。

如果市场规模超过 2000 亿、3000 亿元是什么概念呢？我们国家将成为全球最大的内容制造国，不仅仅是因为全球需要，中国也需要。一亿到两亿人对于高质量文化产品的需求是非常大的，没有 2000 亿元的整体规模，这个国家的未来，也就是我们的孩子、我们的孙子就会更加浮躁。所以我自己觉得，这是一个难得的行业，你可以看到有 10 倍的增长，同时你能看到一样很重要的东西。

……

我们要花 10 年时间，用技术，用年轻人的创意，用全球的人才，重新变革中国的电影市场。我们进入电影市场，如果没人尖叫，那是瞎搞。

所以我们这一年内有很多需要思考，我们到底要拍什么样的电影？所有产品都是你文化价值执行力的体现，你有什么样的思想，就会做出什么样的产品；你有什么样的能力，关键看你是怎么想的。

另外一个巨大的变革是我们必须要从导演、演员控制的中国电影走向以制片人为主的电影。一个导演还没开始拍，先拿走一半钱，那是不行的。一个行业若没有组织的变革，没有整体效益，不可能活下来。

理发师赚了很多钱，他的老板却亏损；厨师赚了很多钱，开饭馆的却赔钱；同理，导演、演员挣很多钱是应该的，但是我认为拿太多了，我们应该求一个公平的架构。

第二，关于新剧本、新渠道的分发，怎么迅速把这家公司的能力放大？未来不仅仅要拼电影院线，还要拼手机、拼电脑、拼新屏幕，要对整个结构重新进行设计、重新思考。

金融行业

前几年马云曾经放言：“如果银行不改变，我们就改变银行！”

对此，有人欢呼，有人期待，有人一笑而过。

2013 年 6 月，马云在上海金融论坛上发表演讲，他提到了下面的内容：

未来的金融有两大机会：一个是金融互联网，金融行业走向互联网；第二个是互联网金融，纯粹的外行进入，其实很多行业的创新都是外行进来才引发的。金融行业也需要搅局者，更需要那些外行的人进来引领变革。

金融生态系统的主要特点应该是开放。中国的金融监管过度，美国则监管不力。监管过度会让生态系统变成一个农场，想种什么种什么，不想种的永远进不来，但真正的生态系统一定是开放的，百花齐放才对。对于中国金融业来说，让更多人参与进来比多发几张牌照显得更重要。

风险永远存在，但是我们必须用创新的方法来解决风险。永远不要忘记，我们的目的是解决生活问题、商业问题和商贸问题。我跟很多人一样，以前抱怨很多，说金融这不对那不对，后来了解多了才发现，人家也没办法。中国的金融行业特别是银行业只服务了 20% 的客户，我看到的是那 80% 没有被服务的企业。把他们服务好，中国经济的巨大潜力就会被激发出来。我们必须用新的思想、新的技术去为他们提供服务。这可能是中国未来金融行业发展的巨大前景所在。

也就在这个月，阿里的小微金服推出了互联网金融产品“余额宝”，存款数量很快突破了 1000 亿元，之后接连突破了 2000 亿元、3000 亿元、4000 亿元、5000 亿元……各大商业银行为了保护自己的利益，不得不采取各种办法来遏制“余额宝”增长的速度。

之后，小微金服又推出了“娱乐宝”等互联网金融理财产品。

不久的将来，大家也许能看到这样的场景：

大排档里，一群农民工喝着啤酒、吃着螺蛳，其中一位说：“我刚投了张艺谋的下一部电影。”

另一个说：“我更看好新一代导演，我投了文章。”

小微金服之后又推出了“招财宝”。

今后，阿里的小微金服对银行各种理财产品的冲击会越来越大，老百姓的选择会越来越多、越来越方便。

2014 年 5 月 9 日，小微金服年会，马云到场发表了演讲：

用互联网的思想和互联网的技术去做未来社会的金融支撑，是做支撑还是自己做金融，我觉得在座的每个人都可以想一下。这世界是因为我们发生了变化，还是我们自己应该去成为那个变化，我们如何支撑未来的金融体系，去让这个金融服务好更多的人？今天我们的小微金服有4460位员工、同事，你觉得我们能够做好Replace（替代）整个中国金融吗？我看做不到，就像有人问我，你们为什么不自己做快递、不自己做物流？我估算了一下，10年以后中国至少需要1000万人去做快递，即使我们公司招聘100万名快递人员，也只做了其中10%的市场。但是100万人，反正我是没有这个本事管理这100万人，我也看不出我们公司有这样的水平可以管理100万名快递员工。即使你管理好了100万名员工，你在北上广深做得很好，难道你在湖南、贵州、云南、西藏也做得好？我们最后决定，自己不做快递、不做物流，但是我们支持别人做快递、做物流。因为有我们，中国增加了1000万个快递和物流人员；因为有我们，中国任何地方24小时内都能够网上订货，很快能收到。

淘宝也一样，万能的淘宝、时尚的天猫，都是因为我们支撑了800万卖家，让他们去卖东西，而不是我们自己去卖。我们一直希望做的是一个平台，因为别人成功才有我们的成功。今天，我觉得金融也一样，让我们思考一下，今后10年，小微金服有什么样的东西可以奉献给传统金融行业；因为有了我们，无数的金融机构发生了变化，他们能够更好地去服务客户。这三四年来，我们一直讲到一个问题，就是如何帮助我们的用户，让用户具备能力服务好他的客户。什么是市场经济？就是相信企业家的力量，相信市场的力量，而不是我可以做一切。

所以，此时此刻，我还是想说2012年说过的，我们希望阿里小微金服用互联网的思想和互联网的技术做未来社会金融的支撑，我们去支撑这个社会，让这个社会因为有我们而发生改变，而未必是自己冲到前面，自己去卖、自己去做服务。后者的难度是非常大的，因为在这个思想体系的背后，很重要的一条就是：只有别人成功了，我们才可能成功。淘宝也一样，只有卖家挣到了钱，我们才有可能挣钱，如果淘宝上的卖家都不挣钱，我们哪儿来钱？只有上淘宝的消费者得到了好处，我们才有好处，阿里小微金服也是一样。我们不知道未来的生意模式会是什么样的，但是我们知道自己想做什么、应该做什么，是因为有我们，金融世界发生了改变。很多人一开始害怕我们，今后他们会喜欢我们、拥抱我们、支持我们，大家共同把中国金融做好，这才是我们的使命。

在座的每个人，我们都在帮助商人成功。今天早上我还跟一个朋友讲起这件事情，其实 15 年前我从大学辞职出来创业时，并没有觉得做商人是多么了不起的事情。但今天我越来越觉得，做一个商人很了不起。Google，还有今天中国的百度、腾讯，它们不断努力用技术来拓宽边界，为社会创造价值。那么，阿里巴巴在做的是什么呢？我们不断拓展商业的边界，我们用技术去拓宽商业的边界。什么是商业，大家想过没有？“士农工商”，“商”是最高境界，“商”是用效率，用透明、诚信的交易，让资源重新配置和组合，“商”要比“农”更难，也要比“工”更难。

当然有人会不同意我的看法。中国已经进入了商业时代，世界已经进入了商业时代，但是我们很多国人的思考还停留在农业时代。今天我们希望帮助这个社会创造财富，我们希望用高效的方法去改变、去影响这个社会。商人如果离开了金融，离开了支付，离开了这些金融的变革，“商”将不成为“商”。我们追求利润，但是追求利润只是为了获得更多的资源，去完善整个社会。

足球界

2014 年 6 月 5 日，马云和许家印在广州召开了新闻发布会：阿里出资 12 亿元人民币买下了恒大足球俱乐部一半的股权。

当天的新闻发布会有300多名记者到场，中央电视台体育频道进行了现场直播。

大家都觉得阿里和恒大是“闪婚”，但其实这事早有渊源。

不用说，中国国家足球队一直是全国人民心里的痛，但为什么一支中国民间的俱乐部队却能拿下“亚洲杯”呢？马云认为其中一定有原因，而且很可能是精神上的原因，他对此很好奇。

许家印曾多次向马云抛来橄榄枝，请马云去看球赛。第一次是去韩国，我为此兴奋了好几天，虽然我不是球迷，但我也想见见里皮。

可是到了比赛的前一天，突然另有安排，马云没去成韩国。

第二次是广州，那天我正好陪马云在香港，许家印的秘书跟我联系，说已派车从广州出发来接我们了。可惜马云临时又有别的安排，结果又没有去成。

接连两次爽约，我猜马云多少有点愧疚。

之后一次，马云和许家印在香港碰面，两个人谈得很投机。双方都说对方酒量好，都说自己喝多了。

当然，6月初的这次签约也引来一些浙江球迷的指责，因为之前马云有跟宋卫平谈过收购绿城足球队的事，新闻媒体对此也有报道。

但事实并不像大家想象的那样是马云“脚踏两只船”。

马云在杭州四季酒店跟宋卫平及绿城集团两位高层见面时，我也在场。

马云非常谦和，他说：“绿城集团在前10年，为浙江尤其为杭州的百姓在居住、医疗和教育方面做出了很大的贡献。如果今天我们有幸接过绿城教育、绿城医疗和绿城足球的接力棒，我们一定也会尽心尽力……”

交流中，我明显感觉到宋总对足球的不舍，他表示无论怎样，至少两年之内他还是要全面掌管绿城足球的。

也就是说，这次谈判双方并没有达成一致，尤其是足球队。

马云对足球有自己的看法，他认为：首先，足球就是一项体育赛事，应该给大家带来快乐，而不应该给全国人民带来纠结。其次，足球是一件“可以没有”的东西，是可以停下来改的东西。如果足球改革都不能实现，那么关乎国计民生的其他改革就更不可能实行了。

医药行业

马云搅局了电影、金融、足球以外，也搅局了医药行业。

2014 年 1 月，阿里斥重金收购了一家有网上销售资质的医药公司。对此，从 2014 年 4 月 22 日南宁“绿公司年会”闭门会议上马云的讲话，我们或可一窥内幕：

今天我们进入医药行业，不会去做药厂，也不会做药品的研发，因为这不是我的强项。但是我希望通过努力让整个中国的药厂越来越少，让中国生产的药质量越来越好，医药控制的能力越来越强，这是我们要做的，但是到底怎么挣钱，我不知道。

……

我认为战略一定有这么几个要素：

第一，你制定的时候绝大部分人是看不见的。

第二，他们即使看见了，也看不起。

第三，他们看不懂。

第四，他们也跟不上。

我们所有的竞争也都是这样，所以对于 10 年以后的事情的判断，是我们制定战略的出发点和坚持点，接下来要考虑的就是怎么坚持做好它。

我们公司就是这样，你喜不喜欢无所谓，我们知道自己在做什么，所以我们才会向前挺进，我们才会义无反顾。我们有什么？我们啥也没有。那我们要什么？以前阿里巴巴、淘宝建立一个小市场，给买家、卖家找机会，今天我们发现自己要改变的是整个社会对于商业的认识、对于企业家的认识、对于创新的认识、对于商业边界的认识，所以我们用互联网这个工具帮助这些年轻人，去唤醒更多人对于商业的重新认识。

我觉得，前面二三十年中国改革开放过程中出现了很多的利益群体，也有很多的设置原来没有想清楚，到今天社会变革过程中，需要有一个冲撞的力量，需要去重新梳理。就像我们公司一样，任何一个组织都是这样，今天有的组织就是要进行一些调整，那中间总要有“鲇鱼”吧？我觉得创新就是一种担当精神，转型升级就要付出代价，可以说没有一种转型升级是不用付出代价的。

另外一个，市场是资源配置的决定性要素，什么是市场的决定性要素呢？是企业家精神，是人。今天，民营企业需要的是尊重。

高管团建

马云常常会利用高管会议做团队建设。2013 年 8 月 17 日，公司合伙人会议在黄山市的一个酒店举行。大家一起包饺子，也算是一次团队建设。

晚餐后，大家坐在室外喝茶，马云提议每人讲讲自己小时候的“光荣史”。

陆兆禧说他小学三年级就能徒手劈砖。有人质疑：老陆小学三年级时，《少林寺》都还没上映呢。老陆回答：“《少林寺》上映前，有本杂志叫《武林》，在我们广东已经很火了。”

曾教授说，他大学时曾经参加过拳击赛，还获过奖。大家同样表示很怀疑。

蔡崇庆说：“我从小篮球打得好。”有人问：“那你小时候打架吗？”

蔡崇庆回答："我不打架是因为我妈说我是通关手，我打人一巴掌会出人命的。"

……

最后马云总结说："看来每个人都有一段错乱的记忆。"

那天晚上，马云还建议重新组建阿里巴巴篮球队和足球队，他说："公司小的时候经常有比赛，公司大了反而连篮球队、足球队也没有了。"

接下来大家就讨论该由谁来负责，最后马云说："现在谁最忙就让谁管，我看就让彭蕾管吧，不给她加点工作她会忙不过来的，哈哈！"

很快，9 月 1 日，我们新组建的足球队就在北京和新浪足球队开打了，马云穿着队服到现场做啦啦队。赛后，我拿了比赛时用的足球和马云穿过的队服，让马云和曹国伟在上面签了名，在淘宝网上做公益拍卖，结果两样东西拍了近 10 万元。

推广"来往"

竞争是一种乐趣

2013 年，火了几年的微博慢慢降温，而微信则来势迅猛。

阿里之前也有几个通信产品，但主要用于电子商务，在日常生活中并没有进行很大的推广。之后，网易公司也推出了"易信"。

不过，看好"易信"的人不多，这时很多朋友都跟马云开玩笑说："你再不搞个跟微信一样的东西出来，微信就要收费了，你就帮帮全国人民吧。"

马云权衡了公司内部的几个通信产品后，决定主推"来往"。

当时是 2013 年下半年，1 万多名员工陆续搬进了位于杭州城西的西溪园区。

园区很大也很漂亮，办公条件也是世界一流的。而少数入职年份不长的员工，对公司的抱怨却与日俱增。就连哪个食堂的菜好、哪个食堂不合自己的口味，这样的问题都会在内网上讨论好几天。

不好的公司抱怨的员工不会多，因为员工不抱怨就直接离开了。

最好的公司抱怨的最多，因为员工找不到更好的公司，他只能留下来抱怨。

我不知道马云的想法，但我自己认为教育爱抱怨的士兵的最好办法是让他参加战斗。

马云说：“通信产品本来就不是我们的强项，我们好比是去别人家里打架，即使没赢，砸坏的也是他们家的电视机。竞争就是种乐趣。”

当时台湾等地的媒体也都认为，阿里巴巴推出“来往”，必定会帮助中国的即时通信产品迅速提升，也会使微信的客户体验做得更好。

那段时间一直有人写信来“出谋划策”，或要求加入“来往”团队，都说自己有绝好的策划能“灭”了微信。其中甚至有人说：把“切水果”的游戏改成“切企鹅”，一定会火。如果“切企鹅”太血腥，改“切企鹅蛋”也很好，总之要把企鹅打回南极老家去。

也有不少陌生人打电话给我，我回复他们：“我们推广‘来往’是希望双方都进步，让全国人民都受益。我们只是不希望全国只有一种即时交流工具。”

我猜马云其实也是这种想法。

竞争需要氛围

既然是竞争，总要营造一点气氛。马云曾在一次内部会议上说：“这是一场生死大战，但死的都是观战的人……阿里巴巴曾经创造过太多传奇，捣毁传奇（微信），那才是我们今天要的传奇。在有些领域，我们本来就一无所有，所以我们什么也不会失去……在街上碰到任何人，就帮他手机装上‘来往’；如果没有手机，就给他买好手机，再装上‘来往’……”

那时我在重庆缙云山休假，正好碰上慈航真人的生日，于是我就在“来往”上发了这样一篇文字：

叩问真人：“今年最开心的事是什么？”“装了‘来往’，不来往没朋友。”再叩问：“易信呢？”“易信不能玩，多少官员堕落都是因为玩‘异性’，前车之鉴啊！”再叩问：“微信呢？”“无论信仰还是梦想，要么坚信，要么别信。你微信？能有结果吗？！”

没想到不少企业家还转发了我这条“来往”。

2013 年 11 月 6 日，在国内首家网络保险企业——众安在线财产保险有限公司开业仪式上，马云、马明哲、马化腾“三马”同台。因为是郭广昌主持，所以他把场地选在了他的母校复旦大学。

郭广昌也挺幽默，开场就说：“主办方再三关照我，今天不许问一些非常敏感的问题，比如说像马云 IPO 的问题不能问，还有比如说‘来往’和微信打架的事情也不能问。我就问一个完全无关的问题，我问马云好了，最近江湖上传说你要用太极神功把企鹅打回老巢去。请问你怎么和企鹅干上了？”

马云回答：“很多人跟我说，这个不能做、那个不行。我们很好奇，为什么不能做，为什么不行？有人说这个金融行业有经营风险，互联网公司不应该去碰，我很好奇，我觉得任何行业都要注重规避风险，不仅仅是金融。今天金融行业对互联网行业的了解，我相信远远不如互联网行业对金融行业的了解。”

郭广昌再问：“那你的潜台词是说，有些公司虽然已经很大了，只有一个，你就不信，你说要有两个。”

“三马”同台

马云回答：“必须有两个。我们进入任何一个领域，都需要问一下，就像我们今天做电子商务，我们也不断问自己这个问题，为什么是我们？淘宝、天猫我们可以做，别人为什么不可以？我们很幸运，难道幸运永远会在这里？微信，为什么一定是腾讯的呢？腾讯也想过这个问题对不对？我们有淘宝、支付宝，他们有拍拍、财付通，一模一样的方法，他们也在挑战，为什么一定是你们？我也相信，移动互联网只有一个微信的话，肯定是不够的。有了我们，也许成不了大器，但也许可以推动微信去创新，让用户有更好的体验，这也是蛮好玩的事情。”

郭广昌接着说：“马化腾，轮到你了。”

马化腾接招：“马云讲得非常好，我也很认同。其实在互联网行业十几年，竞争是无处不在的，每个领域都有，也是家常便饭。我们也是抱着平常心来看这个问题，包括微信本身，也是我们内部竞争的一个结果。你不是被别人革命，就是被自己革命。对于我们来说，两手互搏，一手胜利。

“我觉得竞争是好事情，的确可以促进用户体验的提升、推动行业进步。所以我们欢迎有竞争，而且大家一定能够找到各自的位置。QQ和旺旺也有过竞争的时候，最后大家都找到了自己的位置，其实旺旺的活跃度现在也很高了。通往成功的路上，一定不只有一条路径，肯定有不同的方法。为什么大家不多尝试尝试？从这边走，从那边走，都可以通往成功，或者是走向不同的定位。每一块领域一定有细分的优势，大家应该抓住自己的优势。微信和‘来往’，肯定不会是媒体喜欢见到的那种硝烟弥漫的竞争。”

经过一段时间的推广，用“来往”的人逐渐多起来了。因为“来往”的好友越来越多，我个人现在只用“来往”，不用微信了。

马云规定，任何“来往”公益扎堆人数超过100万人，公司就提供100万元的公益基金。

马云自己的个人扎堆“江湖情”率先超过100万粉丝，之后是李连杰。

在李连杰的公益扎堆超过100万人后，马云在捐赠自闭症基金的仪式上说了这样一番话：

我看到过一个故事，有个孩子特别崇拜甘地，这个孩子还特别喜欢吃糖，他的妈妈就希望甘地帮她说服自己的孩子不要吃那么多糖。这位妈妈千里迢迢地找到了甘地，但甘地却对她说：“请你一个月后再来。”这位妈妈说：“我们赶了很远的路过来，路上要走好多天，能不能请你现在跟我孩子说一声？”甘地说：“还是请你一个月以后再来吧。”一个月以后，妈妈又带着孩子千里迢迢赶来，她跟甘地说：“这次你能跟我的孩子说一下吗？”甘地说：“孩子，把糖戒了吧，不要吃了。”妈妈问：“同样的话为什么一个月以前不说？”甘地说：“因为我也爱吃糖，刚花一个月时间把糖戒了。”

其实每个人对别人的影响都是一点一滴而来，靠改变自己去影响别人。我特别感谢薛晓路导演、李连杰和文章拍的《海洋天堂》，我以前都不知道自闭症这个群体，后来有个朋友说，这些孩子并没有错，是上帝的错。就像刚才华少说的，我们要有宽容之心、理解之心、帮助之情。

我其实觉得捐钱是最容易的，刚才讲100万元，这个数字对阿里的公益基金来讲，一年是很小的一笔数目。对富人来讲，也没有比捐钱更容易的了。很多年以来，我每年都参加很多的公益慈善活动，看见别人捐钱，我确实为他们骄傲，但是让我更感到骄傲和感动的是，一个月赚700元钱的人他能想到拿出几元钱来捐赠。对有钱人来说，最宝贵的是他的时间而不是他的钱。所以我在自己的扎堆中说——那时候还只有几十万堆友——如果到100万（堆友），我就捐100万元（善款）。后来发现这其实还挺难的，在微博上有很多人可以轻松搞几百万粉丝、上百万用户，但是在扎堆上搞100万真难。我必须写点东西，其实我不太会写文章的，这两天我觉得像做家事一样，还不错。坚持了以后自然有乐趣，很多时候是开始有兴趣，最后坚持变成了乐趣、变成了行动、变成了行为。

我希望每位参与扎堆的堆主，每天能够花一点点时间写点什么，你写一点点东西都变成了公益，只要坚持每天做一点点。任何事要认真做都不容易，但是坚持了一定会不一样。

也许你只用微信不要“来往”，很好！但如果没有“来往”，说不定你早已经在向微信付费了！

太极禅苑

2013年9月的一天，马云跟我说：“陈伟，你平时也没啥事做，太极禅苑就你去管一管吧。”

其实我并不想管，在阿里这些年我一个部门也没有管过，但马云既然这么说了，我也不能推托。

管了太极禅苑之后我才发现，这些年跟随马云，思想受他影响还是挺大的，每样东西都想做得跟别人不一样。

太极禅苑除了推广太极文化之外，还做很多公益活动。在太极禅苑能买到的书籍和纪念品，大多都是公益性质的。

我把流浪到太极禅苑的猫、狗，还有别人放生后爬进来的乌龟都养起来了。还给它们都起了分公司的名字，猫起名为“天猫”，狗起名为“高德”，乌龟起名为“快的”，拿了 3 只马云家的鹅起名“菜鸟”，从贵州山里运来一只斑点羊起名“淘点点”，还把它们的大幅照片挂在墙上。

另外，两幢楼之间有一条弯曲的长廊，我给它起名“阿里廊”，走廊的柱子上展示着不同地方的美食，起名“舌尖上的淘宝”，扫一扫二维码在淘宝上都能买到。

我还为“阿里廊”编了一些“人文”故事。比如史玉柱出生在安徽怀远，而怀远是石榴之乡。“阿里廊”里的“舌尖上的安徽”这样写道：“……野史传，曾有怀远少年小名‘石榴’，7 岁入学，与女童重名，师曰：‘石榴玉籽，女孩改名玉珠，男孩改名玉柱’，少年遂立‘巨人’之志，历经沉浮，终得福报，成长为时代的‘大闲人’。”

另外，宣城有一种小吃叫“鸭脚包”，是在鸭脚上用鸭肠缠绕包裹着鸭心制成的，我把它改名为“初恋的滋味”，并撰文曰：“……人间初恋的滋味像极了这鸭脚包，开始时总是‘牵肠绕心’，而结局往往是‘心碎肠断’。”

类似的故事“阿里廊”里还有不少。

每个月的 22 日都是太极禅苑的公益养生日，各路中医养生的专家都有，有号脉的、有艾灸的、有刮痧的、有推拿的……员工和会员都可以来免费体验和治疗。

跟太极禅苑合作后，“扶阳堂”、“八月桂花”、“太极锤”等机构的名气也大了，现在晚上去这些中医养生馆，一半以上都是阿里的员工在做调理。上市路演的途中，有一天公司首席顾问曾鸣教授跟我说：“太累了，如果现在有太极锤来捶两下就好了。”

马云也会把一些重要的会议和活动安排在太极禅苑。

现在，阿里巴巴全国的客户常常会组团来太极禅苑参观和体验太极文化。

客户们都是冲着马云来的，见不到马云，他们有时也会退而求其次，让我给他们讲讲阿里文化。

我其实既不懂阿里文化也不懂阿里业务，我只能讲讲跟随马云的见闻，外加吹吹牛：

“别的阿里人跟你们讲的都是阿里正史，而我讲的是野史。所谓野史就是唯一正确的

太极禅苑挂牌

稻盛和夫在太极禅苑

荷兰王后来太极禅苑

那部分历史，翻译成英文叫 YES！所有不成功的人都怨自己命不好，所有成功的人都说自己运气好。马云从小经历了那么多的挫折，但他还说自己运气好。他说在自己人生的每一个十字路口，上帝都派了人帮他堵住了小岔口，让他别无选择，只能沿着互联网这条路一直走到了今天。”

高处不胜“霾”

人一旦出名，亲戚会变多，朋友会变多，“嫉妒恨”的人也会变多。自古以来，概莫能外。

被利用

有一天，一个朋友打电话给我，说：“马云进军的行业可真多啊！现在连门窗也在做了？”

我说：“没有啊！”

他说：“那我们县城的一条街上全是某门窗的广告，上面都是马云的照片。”

又有一次，我们在上海开会，宾馆门口有人看到马云，兴奋地请马云跟他们合影。

过了一会儿我去洗手间，听到里面有人在打电话：“我刚跟马云开完会，你不信？我把照片发给你看！”

还有一回，一位阿里的同学给我打电话说：“我父亲被一个传销团伙控制了。”

我问：“为什么找我？你父亲这么大年纪怎么也会上当？”

他说：“一开始我父亲也不相信，进去看了一下，发现墙上全写着马云说什么马云说什么，就相信了。请问，有什么办法能救救我父亲吗？”

被嘲讽

随着名气越来越大，很多老百姓可以做的事马云都不能做了。

2013 年的夏天，有朋友闲聊时提起某人有超能力，马云既不信又有点好奇，经不起朋友再三诱惑，就去看了一次。

结果马上受到了各路媒体的攻击，说他幼稚、迷信。

马云自嘲：“我去看了好几次刘谦变魔术，也没人说我幼稚啊。”

对于迷信，马云有自己的看法：“盲目地相信是迷信，盲目地不相信也是迷信——迷失信仰。什么是科学？对未知世界永无止境的探索精神才是科学的精神。好奇是人类进步的动力之一，人类很多重大发明都是因为好奇。”

当时我也在现场。话说我大学学的是电子，现场我基本上是怀着跟司马南一样的心情在看，准备看穿之后嘲笑他和马云以及很多人。但是，很令我失望，我没有看出啥破绽。假如真是魔术，那比刘谦强多了，因为他没有刘谦那么多的道具和助手。从前马云和我曾去刘谦表演魔术的后台看过。

被曲解

互联网公司和传统企业有很大不同，传统企业不管你是挖煤也好，生产空调也好，制造服装也好，一目了然。互联网公司每人面前一台电脑，你不容易搞清楚他到底在干什么。有些互联网公司空降了一个又一个 CEO，可公司经营却越来越糟糕。

为了公司能长期健康发展，在管理上马云制定了合伙人制，就是选一批长期在公司服务的有经验的管理人员来共同管理公司。

本来阿里决定在香港上市，可一些香港媒体却开始攻击马云，认为推行合伙人制是为了摆脱董事局的控制，这不符合香港上市的规则。最后，阿里决定放弃香港去美国上市。虽然去意已决，但马云还是邀请了很多香港媒体来公司参观，并允许媒体去公司任何部门了解情况。

谈到上市规则时，马云说："规则是用来捍卫原则的，香港要把自己建设成一个开放、透明、与时俱进的现代化都市，这是原则。当规则已不适应原则时，需要改的是规则，而不应该放弃原则去固守规则。"

美国上市路演经过香港站时，马云说他依然很喜欢香港这座城市，结果又有媒体说马云已移民（移居）香港，搞得马云真是哭笑不得。

美国上市前3个月，一天，有一位朋友给我打电话说，有一家外国媒体刚采访了她，之后想采访我。我说我不能接受采访。第二天她又打电话给我说，不采访也行，那家外国媒体想来太极禅苑看看。我答应了。

这家媒体来太极禅苑参观了一下，坐下来喝了大约15分钟茶，既然说过不是采访，那就闲聊了几句。他们问马云不做CEO后是不是更闲了，我说好像更忙了。他们问马云平时几点起床，我说不一定，如果晚上休息早，第二天就9点前起；如果休息晚，那就晚一点起。

没想到的是，3个月后，就在公司赴美上市前两天，突然出现了很多报道，都说是我说的：马云退而不放权，但工作又不敬业，常常是10点才起床……

负责集团公关工作的王帅同学比较悲催，赴美上市前已买好了去纽约的机票，却在去机场的路上被公司叫回，让他去处理舆论攻击。

上市前一天，王帅同学隔着半个地球还在怪我给公司惹来了负面新闻，不停发短消息来指责我。

我也没在意，当时全球那么多人见不得阿里好，负面消息漫天飞，因我引起的负面影响只是凑个热闹而已。

没有人是完美的，也没有公司是完美的。

如果说好人是白马，坏人是黑马，那么这个世界上只有——斑马。

马云承受着极大的压力，好在他是个抗击打能力很强的人，而且早有预见。早在上市前半年，他就跟高管们说：“越临近上市，负面消息会越多，像狂风暴雨一般。竞争对手会毫不客气地诽谤我们，也会毫不吝惜地指出我们的不足。我们要一边想象着他们愤怒扭曲的脸，一边心平气和地看看他们说些什么，‘有则改之，无则加勉’。”

“双十一”

2013 年

2013 年的“双十一”，淘宝一天实现交易额 350 亿元，比 2012 年的 191 亿元有了很大的进步。节前一天，央视记者王小丫就“双十一”采访了马云，马云当时提道：

“双十一”已经到了第 5 年，我们从去年开始决定，把“双十一”变成整个中国消费者和厂家的感恩节，真正把它变成一个消费者日。“3・15”做得很好，但是“3・15”基本上是曝光很多企业的问题，这个不能吃、那个不能喝，最终使消费者的热情降低了。但是中国还有很多好的产品、好的服务，这些东西应该让消费者享受到。

同时，消费者和厂家之间不应该是对立矛盾的，我们做“双十一”之前有一个大胆的想法，就是让厂家感恩消费者一年的支持，以最好的商品、最便宜的价格去回馈消费者。所以我们寄希望于把“双十一”变成全民消费的节日，事实证明去年的试点做得挺不错。

我个人认为 300 个亿并不是一个很大的数字，我想再过几年，我们可以看到“双十一”销售额达到 1000 个亿。不仅仅是网货，我们去年就提出“双十一”节希望所有电子商务公司都参与，还有所有线下商场也都参与进来。

美国有一个“黑色星期五”购物狂欢节，中国扩大内需，也需要有一个标志性事件，以证明我们的需求有多么大。我现在最担心的不是把需求迅速打开，而是要把需求稳健地释放出来，因为后面还有物流、整个金融体系的建设、售后服务等需要跟上。所以控制节奏很重要，今年我希望能够稳定在300亿。

中国物流这两年已经有惊人的发展，前两年我见中国邮政总局的马军生局长，他当时判断中国快递数量要超过美国，需要十七八年，而今年我们整个包裹数已经跟美国差不多了，快递人员的数量从之前的十几万人增加到了现在的200万人。去年让我最感动的也是所有快递人员把爸爸妈妈、大姨二舅等都拉出来送快递，这是了不起的企业家创业精神。我坚信，再有两三年，中国的快递行业一定会发展成为全世界最先进的，因为你能看到背后的精神，要把包裹准时送出去、安全送出去，这本身我觉得是很了不起的。

2014年

2014年的“双十一”刚刚落幕，结果大家都知道了，销售额又一次创造了新的历史纪录，达到了571亿元！其中，1分11秒突破1亿元，3分钟过10亿元，38分钟过100亿元，且无线端成交量占比42.6%。最后的数字定格后，马云说：感谢中国的妇女，感谢这些败家的女人。我可以保证很多女人是为孩子、老公、爸爸妈妈买的，女人挺厉害，女人比男人考虑得多多了。

这一天，中央电视台《对话》栏目直接将演播室设在了阿里总部，马云与主持人陈伟鸿、各路嘉宾聊得热火朝天，他坦言：

“双十一”前贝克汉姆来淘宝城

以前大家不在乎数字的时候，我挺在乎数字，现在大家在乎数字了，我担心的是数字背后的东西。就像以前大家说阿里巴巴这个不对那个不好，其实我知道我们要比大家想象的好。大家说不好的时候，我知道其实挺好的，现在大家说好了，其实没那么好。人们对你期望值很大，你知道你没那么大的能力，你知道自己没那么好，这是最发虚的。公司上市以后，最大的压力来自我们知道自己还没有人们想象的那么好，我们毕竟还只有15年，行业是新的，技术每天要创新，所有的事情都在创新中，所以这个压力挺大的。

今年我更关心的是国际化、平台化跟无线化。无线化对于我们的重大意义在于我们通过手机可以迅速进入农村地区，因为农民用电脑的概率不是太大，中国农村有一个从PC直接跳跃到手机的阶段，假设通过互联网、无线能够深入乡村，这个对于社会的意义巨大。

第二个全球化呢，我们认为，既然拿了人家260多亿美元，阿里这个模式就应该为全世界的中小企业做点事儿。比如如何能够帮助越南的、柬埔寨的，甚至非洲国家的小卖家，把他们的货卖到亚洲来。这个是今年第一次开始试点，这中间很复杂，有支付的问题、物流的问题，还有海关的问题、税收的问题，一大堆。所以平台化还是一样，大家参与、大家发展。

今后我们想走全球化，要思考一个问题，我们去这个国家，第一个要想清楚，我们给当地的消费者带去什么好处了，你做什么事情是当地人做不了的，有什么独特性，这个你要思考清楚，去创造价值。

西方的商业中，竞争是很重要的一环，而我们东方的商业竞争中，我认为更重要的是所谓和谐相处。我们的佛家思想讲究包容，道家思想讲究和谐，儒家思想讲究规矩，所以中国本土企业出去，一定要讲究包容、讲究和谐、讲究整个的规矩。而且一定要长期思考，做任何事情都一样。阿里巴巴这几年有个经验，我们永远在思考10年以后中国会发生什么问题，世界会发生什么问题，如果这个问题发生的话，我们可以做什么样的事情来解决。我们发现，今天做明天就成功的事情，从来没轮到过我们；今年做明年就成功的事情，基本上不靠谱，因为大家都能做，凭什么就你做？我们后来就准备长期作战，坚持不懈，然后慢慢地铺垫。全球化对阿里来讲，不是今天做了，明年就可以成功，第一不可能，第二想都不要去想它，踏踏实实来，这个公司要走102年，现在才走了15年，还有87年呢。

2014年10月底，我挑选了太极禅苑会员中的十几位，通知他们跟马云一起见证上市后的第一个“双十一”。可过了几天接到通知，说今年“双十一”还处于上市静默期，这次不邀请阿里客户参加了。

于是，我只能请他们10日在太极禅苑喝茶吃晚饭，还好那天李连杰在，跟大家合了影。

《对话》栏目录制当天，黄渤也从拍戏现场飞过来参加，当主持人陈

《对话》栏目录制现场

伟鸿问他“你第一次看到马云是什么心情”时，黄渤开玩笑说：“挺欣慰的。我发现世界上还有另外一个先天条件跟我一样好的在努力、在拼搏。”

节目录制开始后，我发现桌子上的淘公仔放反了，我告诉现场导演，他很紧张，不知所措。不过我安慰他：算了，反过来也挺好看的，还有太极图案呢。

公益慈善

拍卖“马画藤”

马云在 2013 年 5 月卸任 CEO 之后，把更多的精力放在了公益慈善上。

马云资助并亲自参与的公益项目很多，他是全国公益捐款最多的人，但他特别不喜欢“首富”、“首善”这样的称呼。

他个人和几位全球知名企业家合办了一个基金，连续几年每年捐数千万元去资助人类医学的重大突破。

“马画藤”

2013 年 12 月，他在自己的“来往”扎堆上承诺，如果堆友超过一定数量，他将画一幅画做公益拍卖，结果人数很快就超出了。

12 月的一天下午，马云在太极禅苑和朋友聊天，下楼时已过 7 点，他本来准备回家吃饭，走到门口突然又回转身，说要画一幅画。

工作人员马上准备好笔和纸，马云画得很顺利，十几分钟就完成了，只是人们看不懂画的是什么。他开玩笑说：“现代画都这样，靠看的人自己领悟。”

把画放到淘宝拍卖频道和“来往”上预览，各种版本的解读都有。有的说这是太极图的变形，有的说这是外星人（马云）来地球的路径，最有创意的网友说这是“马画藤”：马云画的一条藤。

马云对我说：“陈伟，这次公益拍卖你全程关注一下，不要搞砸了。”

于是我就和拍卖频道的同学们一起讨论该怎么拍。

之前拍卖一般是预热几天，然后拍卖 24 小时，从第一天的 10 点到第二天的 10 点。这次我问能不能拍卖时间长一点，拍卖频道的同学说，根据以往的经验，只有开始和快结束的时候会有人拍，中间都是垃圾时间。

为扩大这次公益拍卖的影响力，我们最后决定拍48小时，为解决垃圾时间的问题，我决定选其中7个时间点，向最接近这些点的出价者赠送价值2000元的太极禅苑茶席票一张。

12月19日，拍卖开始了。

参拍的人很踊跃，不到1小时就超过了30万元。

这时我们开始担心另一件事，因为每位参拍者押金只付了2万元，我们原先估计这幅画也就拍个20万元左右，这时我们怕有人花2万元搞恶作剧，那样就糗大了。

我想最安全的方法就是提高押金，如果最后的拍得者不付钱，我们就把押金扣下来捐给公益事业。

第一天下来拍到了61万元，马云自己也很意外。

第二天，快到48小时结束时已拍到了180万元。

网上拍卖和线下拍卖不同，最后两分钟如果仍有人出价，结束时间会自动延后5分钟，以此类推。结果拍卖时间比预期的推迟了5个多小时，最后香港“楼上集团”的侯氏兄弟以2428988元拍得此画作。

马云的一些朋友，如史玉柱等知道后纷纷打电话给他，调侃说：比齐白石的画还贵，这真是艺术界的悲哀啊！

为感谢参拍者对公益事业的支持，马云特别请了其中5位参拍者在太极禅苑喝茶吃饭，共同探讨公益。

拍得的善款捐给了“魔豆妈妈”基金，帮助了160位因贫致困的城镇母亲自食其力。同时，公司又出资相同款项（2428988元）捐赠给中国残疾人基金会。

之后，淘创墙纸品牌“米素”的老板又仿制了两批画拿来给太极禅苑，接着做公益。

2014 年 6 月，“中国企业家俱乐部”的理事会在太极禅苑召开，30 位理事在其中一幅仿品上签了名，这幅仿品又拍了 35 万元，善款捐给了壹基金。

借助互联网推广公益

马云认为公益人人可为，借助互联网会使公益事业发展得更快。

2013 年 9 月，支付宝为壹基金开通了“日行一善”，李连杰呼吁了多年的“每人每月一块钱”做公益，通过互联网很方便就解决了。钱不在多少，你选择每天捐一元当然也可以。

开通仪式上，李连杰不仅自己亲自来到支付宝现场，还带来文章和陈坤来捧场。

2014 年 6 月 17 日，马云特别在北京安排了一些企业家与比尔·盖茨一起讨论慈善与公益事宜，大家相互交流，共同推动中国的公益事业。以下是马云在慈善夜谈上的讲话片段：

欢迎各位朋友，也欢迎比尔·盖茨先生专程从美国飞来跟大家做交流，谈论可能跟微软、跟企业和个人没有直接关系的话题——慈善。

2010 年 9 月，盖茨和巴菲特先生曾专门到中国来“宣讲”慈善，那次动静还挺大的，听说整个北京城的记者都来了。

这次比尔和我们决定尝试新的方式：私人聚会，邀请朋友们过来畅所欲言。

我们知道，美国慈善事业的机制相对成熟，捐赠渠道也有很多种，既可以捐赠给研究机构，也可以捐赠给教育、健康等领域的非营利性组织。

在中国，慈善和公益事业有自己的特点和节奏，同时也有巨大的机会——我们可以用科技手段让更多的人更容易地参与到公益活动中来（比如支付宝钱包、新浪微博的“微公益”理念）。

上一次巴菲特先生来华时曾说道，对中国而言，现在这一代人是“关键的一代人”，当今一代成功的企业家将有机会引领并激励后来人为慈善做出自己应有的贡献。

我很认同巴菲特先生的观点，同时，我也希望今天的交流能同时产生“共识”和不同观点的“碰撞”，以帮助我们获得新知。

人人公益

在马云的推动下，淘宝网的商品中“公益宝贝”越来越多，就是商家设定每卖出一件某商品，其中有几分、几角或几元钱会捐助公益，系统会帮助自动完成。现在每个月淘宝上实现的公益捐赠已超过一亿笔之多！

马云说他有一个梦想：希望有那么一天，阿里平台和淘宝网上的每一件商品都是“公益宝贝”，每一笔交易都是一份爱的传递。

上市

上市跟养孩子一样，看别人都很顺利，只有自己知道其实很艰难。

上市的前半程工作推进得还算顺利，2014 年 6 月，马云问负责上市的同学进展如何，对方认为可以安排在 8 月 8 日上市，但马云说：“不急，把工作做扎实，最好还是安排在 9 月 10 日阿里周年庆前后。”

随着时间临近，上市工作的推进反而越来越艰难，公司需要回答的问题也越来越多。到了 8 月，有消息说 9 月份上市看来都很困难，这时马云及时在合伙人大会上表明态度：各相关部门要打硬仗，必须在 9 月份完成上市。

事后，我重新理解了什么叫“态度决定一切”，就是说：一个有威望的领导，在会议上的态度，将决定一切结果。

这次会议上还通过了很多“合伙人制”的规定，其中一项规定是：合伙人不能超过4人同机出行。所以，后来去纽约见证上市的合伙人要么错开时间，要么分别从上海、北京、香港乘航班去纽约。

这时我的上一本书《这还是马云》已翻译成英文，本打算9月初在美国发行，借上市大卖，结果8月份，公司负责法务的Tim、一个高个子秃顶美国人打电话给我，语调跟早年电影里的美帝国主义一模一样：“听说你的书英文版9月初要在美国发行？在公司上市之前发行的话，有可能在路演的时候，美国的投资者会问更多的问题。希望你从大局考虑，把书的发行推迟到上市之后。如果出版社方面需要我们出面解释，请随时联系我。”

作者和美国安保人员

我终于明白“毁于蚁穴”的含义了，Tim就是我人生中的那个蚂蚁窝，还是个美帝国主义的蚂蚁窝。

路演

9月7日中午，我陪马云和他的几位朋友一起飞纽约。马云随身带上飞机的是4本《黄帝内经》。

到了纽约机场，看到了纽约方面给马云配备的安保人员，两个光头美国人、一个出生在肯尼亚的金发白人。金发很帅，光头很酷，个头都超过一米八。

第一天晚饭后马云提议去街上走走。

马云走路很快，我们跟得很累。马云说：“走路的功夫我是当年在缙云山闭关时练出来的，现在发现快走个 5 公里我一点儿问题也没有，而且走路时思考问题，思维特别清晰。”

马云的视力很好，听觉也特别灵敏，我觉得这对他事业上的成功帮助不小。

我的理论是：“敏锐铸就成功，迟钝成就快乐。”

路过一户人家门口，看到里面有很大一只黑狗，很凶地看着门外，有一种神圣不可侵犯的感觉。马云很喜欢大型犬，停下来看了它一会儿，说：“你们知道为什么有些大狗很忠诚吗？”看我们没人回答，他接着说：“我猜是因为它智商低，记不住第二个喂它的人，哈哈！”

路上经过苹果专卖店，门口一排躺椅，挨个坐着老外。问了才知道他们从 3 日就来排队了，准备排到 19 日早上买 iPhone 6。但他们其实并不是苹果的忠实粉丝，排队是为了赚钱。

所以，事实并不像一些报道说的，苹果专卖店门口全是中国人在排队，因为世界上恨中国发展太快的人和恨阿里的人都很多。

当晚排队的队伍中我没有发现一个中国人，全是老外。每个排队的人 19 日能买两部手机。到了 19 日早上，排在最前面的几个老外都按之前谈好的价格把手机卖给了马云的朋友。

由于场次和地方太多，路演分成了红、黄两个队，两队有时在一起，有时分开。马云既不属于红队，也不属于黄队。

9 月 8 日，第一场路演在纽约著名的华尔道夫酒店举行。一般公司路演用不了多大场地，每到一处有二三十位之前有意向的投资者来捧个场也就差不多了。

我们早先预计来 300 人左右，后来估计 500 人左右，到前一天晚上才发现至少会来 900 人。而酒店最大的厅只能坐下 500 人，于是连夜布置旁边的几个房间并装好投影设备。

8 日早上，马云着装时，我们觉得领带颜色不协调，就赶紧下楼去商店挑选了几根回来。刚搭配好，组织方却打来电话说，大家统一着西便装，不用系领带。马云有点懊恼："不早说，白忙一通。"

路演是中午开始，很多投资机构的代表提前几个小时就来了。由于

路演

电梯不大，从底层排队上电梯需要近半个小时。

不过，秩序井然，而且媒体也比较守规矩，告诉他们只能在酒店外拍，果然酒店内就只有我一个人在拍照。

路演正式开始了。

放完公司宣传片，左边的大屏幕突然黑屏。

轮到马云上场，他调侃说：“人生会有许多意想不到的事发生。就像这块屏幕，一分钟之前还亮着，突然就黑了。15 年前，我来纽约想融资 200 万美元，你们不给，这次我只能来多要一点儿了。”台下一阵哄笑，整个会场的气氛马上融洽了。马云继续讲：“其实这次来我们融的不是钱，而是一份信任，一份对未来的共同信念……”

离开酒店的时候，外面各个通道已架满了媒体的“长枪短炮”，而且还有媒体车追随着我们。好在我们的安保人员和司机都经验丰富，只要怀疑有车跟踪，就会通过一个路口马上靠右停车，这样跟踪的车就会开到我们的前面去。

下午接着参加另一场投资者见面会。等到见面会结束已经是傍晚，我们直接去机场准备飞往波士顿。

在机场看到《华尔街日报》上有介绍马云的文章，其中有一张马云小时候跟哥哥和妹妹的合影，据说照片登出几小时后淘宝上就有了“马云同款”童装，售价 60 元。关于这张照片，回国后我问过马云和他父母，3 个人对当时的细节记忆各不同，但基本情况是：20 世纪 70 年代初期，马云兄弟俩上小学，当时妹妹还没念书。某年春天的一个下午，放学后全家人一起去孤山看杜鹃花，照片是父亲拍的。

波士顿

当晚在波士顿的四季酒店住下，打开电视播放的全是有关阿里巴巴的内容。还有一个台在放有关马云的纪录片《扬子江的鳄鱼》，听说会连

路演期间美国的电视节目

续滚动播出 7 天！

马云精力出奇的好，我们都很累了，他却又要出去走走。

当地安保人员陪我们夜走了很大一圈。走到一幢楼前，马云突然停住，看了看，说："2002 年，我就是在这里认识卫哲的，他当时在这里开一个会。"（卫哲曾经是我们 B2B 公司的 CEO）

之后我们又路过一个商店，橱窗里展示着各式各样、各个年代的缝纫机的机头。

马云看了深有感触，说："我们小时候家里要是有一台缝纫机，那是特别牛的一件事。当时有人结婚，如果有'三转一响'就算豪门。缝纫机就是其中'一转'。"（"三转一响"，又名"四大件"，是中国 20 世纪 50 年代后期流行的一个名词，指的是当时国家有能力生产，而为各个家庭所希望拥有的四件家庭物品，分别为收音机、自行车、缝纫机及手表。——编者注）

夜走回来，在宾馆碰见陆兆禧，听说一天路演下来，意向投资已大大超出我们需要的全部融资额，老陆开玩笑说：“马总，我们明天还是回家吧。”

第二天的行程是8点和9点会见两个不同的基金会，12点半有一个路演中餐会。由于时差的原因，加上前一天的奔波，第二天我醒来已经是11点钟了。还好人多，我又是打酱油的，少我一个也问题不大。

我到马云房间时，他已结束前两场回来了。马云的一个朋友这次全程跟随我们，他的助理英语好，已经买好中餐带回房间了。我有点儿惭愧，跟他说：“这次全靠你了，如果你不来，马总要饥寒交迫了。”马云也说：“是啊，这次看到差距了吧？陈伟他自己在家里就是个爷，服务意识我看是进步不了了。”

外卖打包总共七八个菜，我们六七个人一起吃。开吃前我拍了张照片发到“来往”上。因为照片只拍到菜和马云一个人，结果又闯祸了。

先是我们淘点点的一些商家根据照片推出了“马云同款青椒肉片”、“马云同款青菜猪蹄”，还有“马云同款可乐”等，这些商家并没有恶意，只是借马云的照片推荐他们的菜。可一些别有用心的人却借题发挥，说

被迫删除的吃饭照

马云很铺张，还没有上市呢，就一个人要吃8个菜。结果照片发出没过几小时，就有国内的同事打电话给我，劝我把照片删除。

波士顿的路演中餐会之前预计来50人左右，结果来了近百人。

会前马云悄悄跟我们说："别看今天人没有昨天多，这屋子人掌管的钱超过2万亿美元。"

马云的演讲和回答提问同样是掌声雷动，我们都习惯了。结束时，摩根的副主席握着马云的手，不停地说："fantastic！"

马云是一个懂得劳逸结合的人。当天下午没事，他就听听音乐放松自己，他喜欢《中国好声音》的一些歌手，当听到陈永馨的《你不知道的事》时，旁边一个蛮八卦的同事说："陈永馨是马来西亚的，这首歌歌词不好，其中有一句，'我飞行，当你坠落之际'。结果今年马航……""乌鸦嘴！"马云说。

麻省理工学院

当晚我们要飞巴尔的摩，到机场前去参观了麻省理工学院。有留校的华人和学校的副校长一行陪同。

跟国内的大学很不一样的是，麻省理工学院教室很少，大部分都是实验室，里面我们还发现有幢楼是比尔·盖茨以他父亲的名义捐资修建的。

学校最具标志性的建筑是主楼一个很大的圆顶。据介绍的人说，第二次世界大战时期，为保护这个圆顶不被飞机轰炸，校方用平板将其全部盖住，直到前几年才拆除还原。马云风趣地说："哦？他们不知道战争已经结束很多年了吗？"

上市回国后，马云接到了校方的邀请，请他在2015年麻省理工学院的毕业典礼上做演讲，这是该校建校150年来第一次邀请中国人做毕业演讲。

巴尔的摩

飞到巴尔的摩已经很晚，第二天又得起早。

巴尔的摩是一个不大的城市。第二天上午，我们在会议开始前5分钟赶到会场，发现对方一个人都没到，我们怀疑是不是出了什么差错。

结果过了三四分钟，所有的人都到了，用马云的话说：“他们好像藏在隔壁房间一样。”真准时！

回到纽约

巴尔的摩路演完，当天中午我们又赶回纽约。

纽约的最后一场路演还是在华尔道夫酒店，但不在同一楼层。

这天是9月10日，马云50岁的生日，CNBC前一天已经打出了“祝马云生日快乐”的图片，据说这在CNBC是史无前例的。

这时的纽约，电视和报纸上都是有关阿里巴巴的消息和马云的照片。有几张照片拍得不错，我选了一张发在“来往”上：“男人的胸怀是被冤枉撑大的，男人的形象是被事业撑帅的。”

简朴的生日派对

当天路演结束后，几大投行一起在另一个厅里给马云举办了一个简短而有纪念意义的生日派对。

蛋糕不大，点心也不多，但却不是一家投行买的，因为谁都不希望错过这历史性的时刻。

就像路演一样，每一场都有不同的投行申请做主持，这也将成为他们今后“吹牛”的资本。

接下来路演的队伍兵分几路，有的去洛杉矶，有的去硅谷，有的去英国。

回国

我们跟马云先回国。去美国时是飞越太平洋，回来是飞越大西洋，绕了地球一周。因为季候风的原因，这样飞花费时间短。

飞机飞过格陵兰岛的法韦尔角，风景很美，但颠簸得很厉害，飞机上的几个茶杯都打翻了。

飞机在芬兰的赫尔辛基加油，停了 40 分钟，当时是当地时间凌晨 1 点半，当地气温 13 摄氏度。

我在机场里上了个洗手间，我的第一次北欧之旅就这样结束了。

回国后，马云在杭州休整了几天，接着去香港、新加坡和中东路演。

这次我被安排跟同事 16 日再飞纽约，为上市打前站。

再战纽约

9 月 16 日从上海起飞，到纽约依然是 16 日。

17 日我们拉了两位提前到的公司高管一起给嘉宾准备服装。一些阿里客户自发地来到纽约，听客户说上市前夕整个曼哈顿宾馆都爆满，有些客户只能选择住在新泽西州。

旷世奇遇

18 日一早，马云又风尘仆仆赶到了纽约。

上午见了一些投资人，下午在赶回宾馆的途中，还剩两个街区时，交通拥堵得很厉害，马云说：“我们走回去吧。”

在安保人员的陪同下，我们走过一个街区。

突然听到背后有人喊：“Jack！ Jack！”

马云回头一看，竟然是杰克·韦尔奇！

杰克·韦尔奇被认为是世界上最伟大的 CEO，他在 1981 年到 2001 年间任通用电气公司的总裁，把通用电气建成了当时最有价值观也是最赚钱的公司。据马云自己说，创业初期他看过的唯一一本管理类的书就是《杰克·韦尔奇自传》。阿里巴巴的价值观体系就是参考了杰克·韦尔奇的思想。两年前我曾陪同马云参加杰克·韦尔奇主办的一次会议，所以我认得他，赶紧抓拍了几张照片。

老天用堵车的方法安排东西方两个最著名的“Jack”在阿里巴巴上市的前一天，在纽约街头不期而遇。不知道有何意旨。

马云的英语名字 Jack 是 35 年前一位外国老太太起的。

马云与杰克·韦尔奇在纽约街头偶遇

花旗银行总部

当年马云在西湖边跟老外学英语，跟那位老太太交流时，老太太问：“你有英文名字吗？”

马云说：“还没有，您能帮我起一个吗？”

老太太想了想说：“我父亲的名字叫 Jack，我丈夫的名字也叫 Jack，我给你起的英文名字也是 Jack。”从此马云有了英文名字，并沿用至今。

回到宾馆，公司的两个老外已等着跟马云过第二天上市的流程。马云还想着刚才街头巧遇杰克·韦尔奇的事，老外们听了也很惊讶，连声说：“好兆头！好兆头！”

两个老外的工作非常仔细，每个细节都想得很周全。

过完上市流程后，马云对我们说：“瞧瞧人家工作是怎么做的，好好学学。”

我心里想，我们的工作也差不多啊，只是没有准备这么厚一沓纸。

我最大的优点就是容易原谅人，尤其是自己。

定价

过完上市的流程，稍事休息，我们赶往花旗银行的总部。

花旗银行总部在派克大道，离我们宾馆不远。

楼下已经有人在迎接马云了，见面时对方用英语说：“明天是个大日子。”

“每天都是大日子。”马云笑着回应。

二楼几个会议区块都布置得很阿里风格，马云到的时候许多投资机构和阿里负责上市的同学正在开会，决定明天上市的最终价格。

见马云进来，大家起立鼓掌，每个人都面带微笑，看得出各位对这次上市的影响力都非常满意。

大家合影留念后，马云又和投资人去另一个会议室开闭门会议。

40 分钟后，随着一阵掌声响起，会议结束。

大家鱼贯来到酒会区域举杯庆祝。

这时，花旗银行的总裁送给马云一件礼物。礼物用红纸包着，他希望马云现场打开。

马云在众人的目光注视下打开礼物，这是一份很有寓意的礼物。左边是哈佛商学院 2001 年给阿里巴巴写的案例的首页，右边则是我们这次上市招股书的首页。

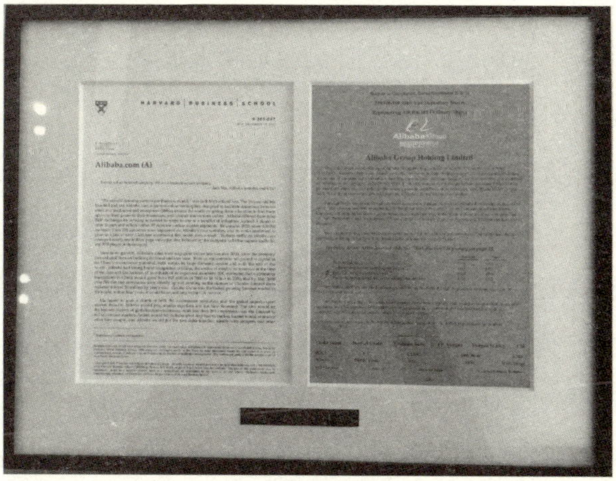

花旗银行送的礼物

哈佛商学院从 2001 年起连续几年给阿里巴巴写案例，每年都说阿里巴巴的模式不靠谱，说其他哪家哪家的模式才代表着互联网的未来。但结果是被专家们看好的公司，一个个都死在了半路上，只有“不靠谱”的阿里巴巴却走到了今天。

不仅仅是哈佛商学院，国内“砖家”也一样，前几年说团购网将取代淘宝，去年又说微信将灭了阿里，今年还有人说顺丰的“嘿客”将……

所以马云说：“学者可以是听来的，而专家必须是自己干出来的。”

这个世界最不靠谱的不是模式，而是专家，尤其是互联网专家。

9 月 18 日下午在花旗银行的总部，上市开盘的价格最后定在了 68 美元。这个定价比我期望的低了很多，没办法，我说了不算。

合伙人聚会

当天，公司合伙人大部分都到纽约了。晚上的合伙人聚会定在了一座写字楼的顶楼。

这座写字楼是马云朋友郭广昌的复星公司去年买的，有 60 层高。这楼据说已有 60 年历史了，但看上去还挺现代的，曾经是洛克菲勒和 JP 摩根的办公楼。

马云从另一个会场赶到这里时已经是晚上近 11 点了。

看到马云，大家一片欢呼。

借着酒劲，大家都要求拥抱马云，马云大声说：“女的可以，男的就免了。”

现场也有高管放声痛哭，平时大家看到的都是他们风光的一面，其实这些年来他们付出了巨大的努力，内心也承受着巨大的压力。但他们还是万幸的，因为跟对了人。

那天郭广昌没在，复星集团一位副总在聚会结束时送马云下楼。

马云说：“这楼不错，郭广昌之前说要给我一层的，不知道这话还算不算数。”

那位副总说：“马总，明天你们公司就上市了，而且是有史以来最大的一宗 IPO，阿里巴巴来给这幢楼做个冠名吧。”

“那你们准备付阿里巴巴多少钱？”我开玩笑地问。

那位副总笑了：“陈伟，算你狠！我们还没开口呢，你倒问我们要钱了。”

马云听了也笑。

上市这一天

9 月 19 日，我们不到 6 点就到马云房间集合了。马云的那些企业家朋友还要早，5 点半就正装出发去纽交所了。

马云一边吃早饭，一边看电视新闻。这天发生的国际大事还真不少：苏格兰独立的公投没有成功；iPhone 6 当天首发；甲骨文的创始人埃里森宣布退休。我开玩笑说：“埃里森很聪明，今天退休，他知道我们上市后甲骨文没戏了。”

当然大部分内容还是在讲阿里巴巴上市。

纽约的交通早上 6 点也不顺畅，从酒店到纽交所还是花了半小时。

我们从边门进到一个会议室先休息。

过了一会儿，有人来领马云等上市的主创团队一起从正门走到室外空地亮相。虽然当时是早晨 7 点左右，街上的行人还很少，但纽交所门口却已挤满了人，有来自全球的媒体，还有关心阿里巴巴的人士。维持秩序的纽约警察也很多。

拍照的人群中还有一些是自发从国内飞来纽约的阿里客户，他们不停地在喊：“马总，马总！看这边，看这里！”

接着被邀请的一些企业家朋友和投资人，还有公司合伙人以及阿里客户代表们都来到纽交所门口这块空地上，相互合影留念、相互祝贺，

一早到纽交所

合伙人合影留念

纽交所门外

每个人都很兴奋。

拍完照大家回到纽交所，马云和公司高管来到一个门口贴着“ALIBABA”牌子的休息室，这里提供早餐。

早餐后，马云、蔡崇庆及陆兆禧三人换上了上市纪念T恤，来到纽交所二楼走廊尽头的一个小演播室，连线国内，马云发表讲话，中央电视台财经频道现场直播。

梦想T恤

阿里上市纪念T恤也有来历。

“淘公仔”是阿里巴巴的吉祥物，每年都会出很多新款，每年也有设计大赛，全社会都可以通过淘宝平台来参赛。

上市前一个月，马云看到一个极具中国传统文化特色的淘公仔，很喜欢，于是决定做一批T恤印上淘公仔的图案送给阿里的客户，可这时离上市只有10天时间了。

阿里广东的客户在一周内帮我们赶制了13万件T恤，又在两天内把T恤送到我们全国的客户手里，甚至纽约。

T恤的正面是淘公仔正面的图案，以及“梦想还是要有的”；T恤的背面则是淘公仔背面的图案，以及“万一实现了呢？”这句话。

这话也迅速流行起来，还出现了一些改版，比如：“女神还是要追的，万一她瞎（看走眼）了呢？”

绝无仅有的敲钟仪式

连线结束时，纽交所里已挤满了人。马云换回西装到一楼交易大厅挤了一圈，跟来的朋友们打打招呼。

接着大家来到纽交所最华丽的一个大厅，负责敲钟的纽交所帅哥先给大家简单介绍了纽交所的历史，并且兴奋地告诉大家：在纽交所200多年的历史上，只有两件东西将永久地摆在这个大厅里展示，其中一件就是阿里的淘公仔，因为阿里创造了历史。

纽交所会议大厅

接着帅哥邀请马云讲话，马云感谢了阿里的客户、感谢了互联网、感谢了远道而来的朋友，最后说：“我们要像这个淘公仔一样，细胳膊细腿大脑袋，别把肌肉都长在手脚上，要长到脑袋里。”

阿里这次在纽交所上市，不仅融资金额是有史以来最大的，敲钟仪式也是最特别的。

马云早就决定将上市敲钟这件神圣的事交给阿里客户来做，这符合阿里巴巴“客户第一”的价值观。

最终公司选择了8位客户代表上台敲钟，其中有淘宝上的农民卖家王小帮，放弃公职选择在阿里平台创业的奥运冠军劳丽诗，甘愿做自闭症老师的“淘女郎”宁儿，还有把车厘子通过淘宝网卖到中国的美国农场主……

上场前马云会见了他们，还一一鼓励了他们。

由于敲钟那一刻全球瞩目，纽交所的帅哥给8位将上台的阿里客户代表特别做了最后一次交代，由阿里美国的同事帮他们翻译：现在纽交

马云与上市敲钟的8位客户代表

所已改成电子钟了，9 点 30 分会准时响起。你们至少要在台上微笑着鼓掌 40 秒，从 9 点 29 分 30 秒到 9 点 30 分 10 秒，我会给你们手势。现场来了这么多人，全世界的电视机前还有更多人都在看着你们。鼓掌结束后你们可以相互击掌或拥抱表示庆祝。

敲钟的实况和预计的几乎一模一样。8 位阿里的客户代表在全世界的瞩目下在纽交所的钟台上鼓掌、欢笑、拥抱……

在“双十一”录制《对话》栏目时，主持人陈伟鸿也问到了这独一无二的敲钟仪式：阿里上市，我看到敲钟的不是你，这个是出国之前就计划好的吗？

马云对此的回答是：对，这是我们这次上市一个很重要的仪式，我们自己的合伙人、阿里巴巴的高管对此有过一次小小的讨论，到底谁上去最合适。当时我就请大家问自己一个问题，我们这么努力、这么幸运地走了 15 年，到底希望什么？到底希望谁成功？我们完全明白一个道理，只有我们的客户成功了，我们才能成功；这么努力的目的是让那批小的卖家、小的商家、消费者，那些快递人员也能成功；只有他们成功了，我们才能成功，才有成功的意义。我记得纽交所的董事长把 8 个人带到门口，上去的最后一秒钟还问我：你确定不上去？我说我不上去了。我们不是为了做给大家看，我们是真心觉得，多敲一次敲，少敲一次钟，对我们来说没改变，但是对他们这一生的改变会很大。假设我们做点事情，能够令别人的一生有好的改变，我觉得应该不顾一切地去做。

等待

接下来的两个半小时，马云就在纽交所拥挤不堪的交易大厅内没完没了地接受采访，没完没了地等待。

一般情况 9 点半敲完钟，一个小时后就可完成第一笔交易，可这天不同，要买的人多，要卖的人少，严重不匹配。阿里的股价一直在飙升，

纽交所交易大厅

第一笔交易

直到 11 点 58 分，价格超过 92 美元每股后才基本匹配成功。第一笔交易完成时，马云拿木槌在铜铃上敲了一下。

大家一齐鼓掌，交易正式开始。

成为首富

这时，在纽交所的另一个大厅里，国内的各家媒体已经在那儿等候了很久。

马云和陆兆禧上台接受采访。

因为刚刚成功上市了，而且股价也比预计的要高，媒体马上用他们的公式算出了马云目前的身家，所以这次媒体采访的焦点问题是——首富。

但马云说，关于这一点他毫无兴趣：“别说是全国首富，我连小区的首富都不想做。”

采访结束后我跟马云开玩笑：“马总，如果世界首富搬到你们小区住，你小区首富还真做不了。”

离开纽交所时已近下午 1 点，距上午在门口拍照已过去 6 个小时，没能进入纽交所的媒体和群众依旧在门口守着。见到马云出门，大家一阵欢呼，马云也向大家挥手致意，并做了一个 OK 的手势。

当天下午，马云和全球媒体还有一个咖啡会。这是一个非报道性质的休闲交流会，主要是让媒体了解阿里巴巴及阿里巴巴将来要做什么。

信任和责任

当天晚上，500 人答谢酒会在纽约的 Cipriani 酒店举行。

JP 摩根的副主席致开场白，之后马云上台演讲。马云这次的英语演

答谢晚会

讲非常棒，可惜最精彩的几处都被掌声淹没，我没有听清楚，也就省略了，所以我翻译得一般：

这是激动人心的一天，谢谢大家！

来华尔街路演的第一天我跟900名投资人讲了个故事，15年前我们没有准备好，被30位投资人拒绝了。15年来我们一直没有放弃，今天回来多要一点。

当年我们怎么也不会想到今天可以拿到这么多钱，谢谢大家！但对我来说，今天筹到的不是钱，而是大家的信任和我们需要担当的责任。

昨晚我没有睡好，一直在想是什么让我们来到这里。15年前我不会想到今天可以站在这里跟大家讲话。

尽管从前没有人相信我会回来，连我自己也不相信，但我一直相信，互联网会改变世界、改变中国。即使我们不行，也会有别人成功。

15年来我们做了各种努力，我们幸运地选择了以帮助中小企业作为自己的职责。

1994年我创办了一个翻译社，借3万元花了我近5个月的时间，又写申请，又向朋友借，结果还是没成。所以我知道中小企业有多难，我们专注于帮助中小企业。

当然，我要感谢我的团队，没有他们不会成功，一直都是我说他们干，而且我们决定要走102年。

1999年我说要把公司建成全球十大互联网公司之一，那时我们还排名全球倒数，大家都认为我们疯了。只有公司18位创始人说“好”，因为他们听我的，没得选。

我相信每个人都有梦想。今天很残酷，明天更残酷，后天很美好，但大多数人都死在了明天晚上。不努力你就没有未来。

我们是全世界最幸运的人，15 年里我们活了下来。很多人比我们聪明，比我们努力，但不如我们幸运。为了让我们的幸运能够延续，我们要把幸运的种子埋下去，惠及其他的人。

我们会继续帮助中小企业，帮助那些年轻人。

我们年轻的时候没有得到太多帮助，现在我们要帮助今天还没有成功的年轻人，他们有梦想，他们渴望成功。

今天我们来不是为了钱，我们是来寻找更多的合作伙伴，去帮助更多的小企业。他们在韩国、菲律宾、泰国、阿根廷、新西兰、挪威……帮助到他们就会有百万级的就业，那样他们会更加热爱我们赖以生存的地球，也会更好地保护好环境。

我非常非常感谢大家，同时我希望今天所有在场的年轻人想一想明天我该怎么做。我听过许多演讲，也见过许多年轻人听完演讲很激动，但他们第二天又走回了按部就班的老路，这一点必须改变。我希望我们今天的幸运成为你明天的幸运，我希望你能有机会完善自己，从而完善社会。

我们将一如既往地帮助小企业，小的才是美的，小的才是强大的。

谢谢大家！

| 附录 |

最没有追求的“阿里人”

在阿里巴巴工作满3年的叫“阿里人”，满5年的叫“五年陈”。马云说他自己45岁时提前“知天命”，我现在也可以说自己是“五年陈”了。

我有机会跟马云参加集团内部各种高层会议，这对别人来说是求之不得的事，也是了解公司业务和提升自己的最佳途径。而我往往是听几分钟就偷偷溜出会场，在各种全国性的企业家会议上我也是如此。有时马云会发信息给我：“进来听听。”

马云说我是阿里巴巴最没有追求的人，有时也会加一句：“幸亏你的工作不是太需要追求。”

我想也是。业务部门、创新部门更需要追求，我的那部分就算送给他们了。我认为，剑鞘的职责是在保护剑“利”的同时，安心于自己的“钝”。再说了，听了那么多次马云的演讲，再去听别人说——需要被绑在椅子上才行。

马云在不同场合说过类似的话：“……刚创业时我有一个梦想，有朝一日我可以在罗马喝早茶，去巴黎吃中餐，到纽约吃晚饭。现在实现了才知道，那简直就是个灾难……”

“吹牛”是一种健康的生活态度

阿里巴巴商学院已经成立，我有空还“应邀”去商学院讲讲课。

阿里巴巴商学院是马云的母校杭州师范大学和我们公司合办的商学院。2009 年 10 月，学校邀请我去上过一堂大课，讲“明星背后”。

那天到了学院，看到校门口贴着一幅我当年客串袁崇焕的大幅剧照和言过其实的介绍，我开始紧张起来。

跟校领导一起吃了晚饭后，我忐忑不安地走进会堂。台下座无虚席，我硬着头皮走上讲台。

我的开场白：“今年暑假某餐馆来了两桌客人，都是孩子考上大学来庆祝的。餐馆老板过去敬酒，到第一桌，问：‘小妹妹，你考上哪所大学了？’女孩说：‘杭州师范大学。’老板睁大眼睛，无比崇拜：‘太恭喜你了！你就要成为我的偶像——马云的学妹了！’之后，老板去了另一桌，问：‘小弟弟！你考哪儿了？’男孩说：‘清华大学。’老板默默走到男孩身后，拍拍他的肩膀说：‘别难过，好歹也是一所大学嘛！’”全场爆笑，之后我就放松了。我讲了马云创业前的趣事，讲了张纪中、徐克等，也讲了剧组的趣闻。其间还有几次有奖问答，奖品是马云的签名书，比如我问：“做制片要把问题考虑得面面俱到，有时候很小的原因也会影响整体的拍摄。《鹿鼎记》中有一场戏是韦小宝带 7 个老婆戏水，演员都在，天气也很暖，水也很干净，可是几天过去了，就是这场戏拍不了，为什么？”

同学们都回答不出，我说：“7 个女人能在同一天下水的概率非常低。”

同学们哄堂大笑。整个讲座大家爆笑了很多回。

第二天我见到马云，马云问：“昨晚讲得还行？”

我一听马云的语气就知道学校有人已经跟马云汇报过了。

我“轻描淡写”地说：“一般，讲了一个半小时，走出会场花了两个小时。”

马云开玩笑：“把你踩扁拖出来需要这么久吗？”我早该料到跟马云吹牛不会有好结果。

2010年3月3日，我所属的大部门在杭州召开年会。之前通知我要发言，可我陪马云从北京回来已是下午，之后马云还要参加一个植树的现场会，下飞机后会场一直在催我。于是我让别的同事陪马云，我赶往会场，如果那天晚半个小时赶到会场，我将错过这次“吹牛”的机会。

我的发言没有主题：“……最近我听到一个名词解释，‘吻’是两个灵魂在嘴唇相遇。请各位在座的阿里人扪心自问一下，是否曾真正‘吻’过。还有一句话，‘每个人都会死去，但并不是每个人都曾经活过’。大家需要想一想，怎样才是真正地活过……这两年跟随马总走南闯北，我见识了一些优秀的企业家。听冯仑演讲，他说，‘伟大是熬出来的’。我顿时钦佩不已。后来从书上看到雍正皇帝也曾说过，‘皇上不是当出来的，是熬出来的’。于是我思考后发现，其实‘熬’本身就是‘伟大’的积累，比如桌上这个5元钱的玻璃杯，它什么都不用干，如果能‘熬’上800年，它就值500万元……郭广昌说，‘美好的生活是浪费出来的’，我立即对他产生了崇拜。之后我对‘虚’和‘实’进行了思考，发现有时‘虚’比‘实’更重要。还说这个玻璃杯，我们买它花的是玻璃的钱，可玻璃不是我们要的，我们需要的是中间空的部分。我们花完所有积蓄买了套房子，付的是钢筋、水泥、砖头的钱，可那些是我们永远不用的，我们用的同样是中间空的部分……我还发现公司内部的高管都很有意思，时任阿里云计算总裁王坚博士是一个集大成的人，跟他聊天会很有收获，比如，他会告诉你直升机不是飞机，它是一个会飞的运输器。这就是为什么所有国家都没有把直升机编在空军里的原因。公司每一位技术人员都钦佩王博士，尽管王博士的大部分话他们听不明白。我说这就对了，

20% 能听懂的，让你明白该如何工作；80% 听不懂的，让你坚信公司会有意想不到的未来……‘总参谋长’曾鸣教授说，‘我们是在做前人没有做过的事，不要幻想我们最初的设想一定是对的，我们要勇敢地试错’。太富有哲理了！之后我想这是不是我们常说的‘失败是成功之母’呢？曾教授的优秀之处就在于能把早就让你耳朵麻木的道理，换成优美的句子，使你印象深刻……而陆兆禧，名字就非常有意思，‘陆’就是‘6’，‘兆’在中国的文字里既可以是百万，也可以是百万个百万，也就是万亿，‘陆兆禧’，即年交易额‘6 万亿元我就高兴了’，可见这个名字一开始就是冲着沃尔玛来的……”

“钦差大臣”和没文化

马云一般出国前会关照我：“去各子公司看看，了解了解公司业务，发现有啥不对劲就告诉我。”

这是什么？同学们，这是“口谕”！意味着接下来的几天我就是“钦差大臣”。

于是，我除了看信和接待“来访”等“必修课”外，就去子公司乱转。有几个朋友是必须去见的，比如阿里巴巴集团旗下 B2B 首席财务官武卫（现任阿里巴巴集团首席财务官）等。去跟“最有追求”的人共度短暂的“最没有追求”的时光。

武卫是我见过的最“明白”的人，因为管财务，所以她对整个公司运营状况最“明白”，还有她能三言两语就说“明白”我之前完全不懂的东西。

她是我的“信友”，我们有好玩的段子都会相互发送。她常调侃我：“你这样的人能够待在阿里巴巴真是一个奇迹。”

我答：“马总说了，阿里巴巴不是养殖场，而是动物园。动物的‘种类’越多越生态。”

武卫的办公室坐西向东，座位后面偌大的书架上没有一本书是我能看懂的，而她抽屉里的书我能看懂，因为都是漫画书。有一天中餐时间我去她办公室，她无比快乐地翻开一本漫画书，一边笑个不停，一边“坚持”读给我听，尽管那些字我也认识。最后她把其中一本《大红脸》送给我，表情是无限的慷慨和不舍。

前些日子我发信息给她：“我准备把这几年的助理工作整理成书。”

她回信息“嘲笑”我：“写书不是要有文化的吗？”

我回复：“你错了，看书需要有文化，写书不用。”

思考后我证明了这个看似“没有道理”的“理论”。我找到武卫：“写书所需要的所有知识在小学全都学完了。比如《道德经》第64章中有：

合抱之木，生于毫末；

九层之台，起于垒土；

千里之行，始于足下。

三句话同一个意思，最好的是第三句，小学一定学过，你写书用足够了。前两句一般般，但别人可能写出来忽悠你，所以为了看书你读完小学还不够，还得往上念。”

马云虽然知道我的生活态度一向如此，喜欢吹牛，安于平庸，不求上进，但关于为什么“没有追求”这个问题他有时还是会问。

记得有一次在北京不是太忙，马云带“大脚”（金建杭，十八“方的”之一）和我三人吃晚饭，他们两位轮番“考问”我有没有更深的原因或事件导致我这样。我当时说：“一个人从一楼爬到九楼之后，他能体验到的只是第九楼而不是九层楼，而每层楼都有自己独特的风景。”其实我自己对这个问题也没有答案，我只是随便说说而已。

马云接着问：“假如经济和个人能力方面都不成问题的话，你最希望怎么活？”

我忘了当时我是怎样回答的，如果现在说，我希望：从2013年6月杭州“淘宝城”建成起，玛雅新纪元开始，我可以在淘宝城做个“巡视员”，想去哪个部门就去哪个部门，想跟谁吹牛就找谁吹牛。

亚当犹豫了

阿里巴巴15年走来，每个人对公司都会有不同的诠释，而我个人认为目前公司仅仅是一种思想的“初见成效”，而这种思想是什么？从哪里来？又会发展成什么样呢？

大家知道，马云跟盖茨、巴菲特、克林顿、索罗斯等都是好朋友，一有机会他们就会深入交流，碰撞思想。

马云的时间安排得非常紧，但他还是会“不顾一切”地挤出时间去见见佛学高僧、道学奇人、哲学家等。

有时我有幸旁听，有时我只能在外屋做“护法”。他们在里屋促膝论道，我在外屋促膝妄想（左膝碰右膝），妄想有时也会有点心得，节选一篇，供大家评判。

亚当犹豫了

人类的历史从某种意义上来说，就是探索宇宙终极意义的历史。

各个时代的哲学家们神游物外，形成不同的哲学思想，可在终极意义这个问题上不是趋于神学就是趋向悲观，认为宇宙漫无目的，毫无意义。

其实宇宙或有终极意义，但一直没有被揭示。其原因只有一个，借用一下宗教故事，我认为那就是“亚当犹豫了”。

在同样有猛兽毒蛇的伊甸园里，瞎眼的亚当和夏娃能存活下来全靠上帝的庇佑。蛇的启迪使亚当偷吃了苹果于是有了视觉，加上上帝之前给予他的耳、鼻、舌、身、意，亚当有了“六根”，可惜“六根”仅够生存延续而不足以认识整个宇宙。

当时亚当如果赶在上帝到来之前，勇敢地、毫不犹豫地吃下伊甸园中所有其他的果子，他及他的后人——人类，除了视觉外还会增加“A觉”、“B觉”……我们把这些增加的“觉”归纳起来叫作“明觉”。那样的话，我们或有可能和上帝一样，有能力明白宇宙的终极意义。

而人类的自信远远超出了人类的智慧，认为智慧可以弥补感官的不足，其实不然。举个例子，你能向一个天生失明的人表达清楚什么是“红色”吗？假如人类共同缺失了一种或多种感知世界的感官——“明觉”，那还能对世界有正确的认识吗？

圣雄甘地说过：简单是宇宙的精髓。如果人类有了“明觉”，也许终极意义就像秃子头上的苍蝇——明摆着了！

唯物主义的欠缺

唯物主义的基石之一：意识是人脑的产物，而人脑是物质的，所以物质决定意识。这个推理显然是站不住脚的。就算先有人脑，再有意识，物质决定了意识的“出生”，可并不能决定意识的活动。这就像父母和子女的关系一样，父母无法决定子女的发展。唯物主义还认为，所有深邃的思想和强烈的感受也只不过是人脑中粒子的排列组合而已，而任何粒子的运动都遵循着一定的规律。当真如此，人就没有自由意识了，人脑中的粒子按规律运动成怎样我们就有怎样的思想。这和我们亲身感受到的根本不同，我们坚信人类是有自由意识的。

科学的陷阱

在培根之前，科学和神学在很多时候是混杂在一起的。培根说，“知识就是力量”，知识从实践中来。之后科学有了长足的发展，于是越来越多的人认为知识就是科学、科学就是真理。目前科学已经能够测出人脑中的电磁波，于是一些科学家就认为人类的意识就是这些电磁波而已。其实不然。科学测出的电磁波并不是意识本身，而是意识“游过”大脑溅起的“浪花”。意识是无法用物质的仪器检测出来的。不仅物质的仪器不行，即使用意识去探索意识，前途仍然是渺茫的。

于是我们怀疑，科学是不是上帝设的一个陷阱、一种“利诱”？而我们又缺失“明觉”，人类有可能走进科学的死胡同，从而对世界感到绝望。

宗教的孤注一掷

人类是最尴尬的物种，其他物种没有认识宇宙的需求，但它们也许同样有轮回，或以其他方式最终到达了新的世界。而人类有认识宇宙终极意义的需求却又没有能力。人类从来就不甘心世界的不可理解，尽管探索宇宙的每一次深入都会有更深层次的不可思议显露。

人类已经认识到眼、耳、鼻、舌、身这“五根”的局限性，于是对第六根“意”孤注一掷。各种宗教都有类似“开悟”的说法，希望“意识”有一个“跳跃”，去明白终极意义。

上帝一定存在，但绝不是基督教中的上帝。上帝也许是“明觉”才能感知的一种力量，也许就是“明觉”本身。

由于人类共同缺失了“明觉”，所以我们可能无法到达终极真理。还好，我们至少可以知道我们为什么不知道——因为亚当曾经犹豫了。

后天蜕变的典范——鹰

发文时马总 72 个小时的闭关还没有结束，上次闭关马总冥想的是开启今后 10 年的新商业文明。

这次闭关一是补回这半年所耗的元气，二是思考 2010 年阿里巴巴的布局和走势。马总更希望自己是个艺术家，能把阿里巴巴这个艺术品雕琢到极致。

马总闭关练功间隙我们能见面，但他不能开口说话，在休息时我写了鹰的故事给马总看：

大部分动物的生存能力是与生俱来的，而鹰则相当不同。如果把刚出生的鹰拿回家养，长大后它就是一只鸡！

鹰可以活到 70 岁。鹰每次孵三四只小鹰，老鹰常常让小鹰饿着，小鹰饿得几乎站不住，如果还能仰天怒鸣，老鹰马上给它喂食，认为其有鹰的潜质。

鹰的翅膀天生并不强壮，老鹰会用嘴把小鹰的翅膀折断，这时它会生不如死。一段时间后，断后增生的翅膀骨要比从前粗壮得多。但未等痊愈，老鹰就将恐惧万分的小鹰推下悬崖，有的摔死了，有的忍着剧痛飞上了蓝天，由于在剧痛中拍打翅膀，翅膀骨长得更强壮了。

之后的 40 年，鹰俯视大地，傲视群雄，几乎没有天敌。

可是 40 岁后，鹰出现了老化症状：嘴太长太弯影响捕猎和进食；羽毛杂乱影响飞行；爪上长出蹼影响抓猎物。

鹰经过沉思做出了不可思议的决定：它昂首飞翔猛烈撞击悬崖，把老化的嘴撞碎，不吃不喝一直等到新嘴长出，然后用新嘴拔掉老化的羽毛，让新羽毛长出，同时用嘴除去爪上的蹼。

这次重生又为鹰赢得了 30 年的寿命，30 年不可一世的尊严！

这个故事马总以前听过，也许你也知道。这和阿里文化很吻合——平凡人做非凡事！

也许你还不是鹰，如果你能经得起那样的蜕变，你迟早会成为鹰！如果你已经是只鹰，而目前没有你想要的天空，送你一句俄罗斯谚语：鹰可以飞得跟鸡一样低，但不会永远如此！

纪伯伦这样说过：

生命是灰暗的，除非有了激励；

激励是盲目的，除非有了知识；

知识是徒然的，除非有了工作！

阿里人有知识、有激情、有梦想，所以生命才有意义！

马云在首届世界互联网大会上的演讲

早上好！这么早起来交流，估计听的人跟我一样，还没有完全清醒过来，反正我自己是没有彻底地清醒过来。在乌镇交流电子商务，我觉得这个电子商务 E-commerce，以后就没有 E 这个字母，就是 Commerce，商务这个词。

想到商务，我经常想起一个人，这个人给我们树立了很好的榜样，也树立了很坏的榜样。这个人就是清代中国浙江很有名的商人，叫胡雪岩。我比较欣赏他的一句话，就是生意越来越难做，越难做越是机会，关键是你的眼光。你的眼光看到一个省，你就做一个省的生意；你的眼光看到全中国，你做的是全中国的生意；你的眼光看到全世界，你就有机会做全世界的生意；你的眼光看到今天，你做今天的生意；你的眼光看到 10 年以后，你做 10 年以后的生意。

所以，做生意关键在于眼光，英文可能就叫 Vision。

第二点是我自己思考的，胡雪岩也给我们树立了一个坏的榜样。《红顶商人胡雪岩》，我从第一天看这个书就觉得这是一条不对的路，因为钱和权是不能碰在一起的，做了生意就一定不能考虑当官从政，从了政你一定不能有钱，这两件事情就像炸药和雷管，碰在一起总是要爆炸的。“红顶”不能做，当然“黑顶”更不能做，应该做的是你自己知道你有什么、你要什么、你放弃什么。

在浙江这个地方，出了很多了不起的商人，但是我们每个人都要思考，这一辈子你到底有什么、你要什么、你放弃什么。这些话是几年前一个高人、我尊敬的前辈跟我讲的，他说马云你走到现在为止，要思考一个问题：你到底有什么，你要什么，你放弃什么。

阿里巴巴经过 15 年的发展，走到了今天，应该来讲，我们是一个很幸运的公司，我们的幸运在于成千上万的创业者把我们带到了今天，我们跟成千上万的人一起创业，一起做互联网。20 年以前的 10 月，我在美国接触到互联网，在杭州第一次思考我要做一家公司，那时候叫 Internet。将近 20 年的时间，无数人在互联网中创业，无数人失败，只剩下了我们这几个。我可能是中国最早从事商业互联网的人，“中国黄页”——可能今天很多人都忘了这个名字，1995 年我们创立了这家公司。

人家说，阿里巴巴你们今天特别成功，是什么原因？其实如果没有“中国黄页”，没有前面我们到外经贸部去的经历，没有无数的失败，我们是不会走到今天的。任何一棵大树下面一定有巨大的营养，这巨大的营养来自于这个时代很多人犯的错误。很多人 MBA 毕业以后，很难去做创业者，或者做了创业者很难成功，因为 MBA 可能教了很多东西是告诉大家别人是怎么成功的，所以看了很多别人怎么成功的案例。而人学了成功的案例之后就会想入非非，认为我也可以这么成功。

而我自己觉得创业 10 多年来，最大的心得体会，是永远在思考别人怎么失败的，哪些错误是这些人一定要犯的。因为成功有很多的要素，有很多的东西是你没办法学的，比如你刚好碰上一个很好的人，运气很好，或者你刚好碰上一件很好的事，你刚好在合适的时间做了合适的事情。而失败呢？我发现很多企业失败的道理基本上都差不多，只要把这些失败的东西学习好了，自然就好了。

做企业、做商人很艰难，就像打仗一样，活着就是成功，从战场上回来的人就是成功的，不管他在战场上表现怎么样。商人也一样，你走上这条路的时候，就应该想到，95% 的人已经倒下了，凭什么你就是那幸运的 5%？

你要想成为这 5% 的话，要记住，你必须学习那些倒下的人犯了什么样的错误，这些错误你不要去碰，然后找好未来的规律——这是我这几年花时间思考最多的事。中国的互联网公司中，可能全世界的互联网公司中，我是唯一一个完全不懂互联网、不懂计算机，也不懂科技发展的 CEO。我从来没受过这样的训练，也没有受过商业训练，甚至会计训练都没有做过，然而我们走到了今天。

所以一个 CEO 要去思考他自己的强项，思考未来，这是我觉得我花了很多时间去思考的问题。

几年前我参加论坛，很多人总觉得这个人讲话很奇怪，有些听起来有道理，有些听起来大家不能接受。一个很重要的原因，是因为今天阿里巴巴的市值也好，上市成功也好，不是今天做的，是我们 15 年以前的想法。我们每个人做事情一定要去思考，如果你只做今天的生意，你想今天做明天就成功，你是一定不会成功的。

这个世界聪明人太多了，不要说我们公司以外，我有时候坐在公司里面，看看我们公司那帮年轻同事就目瞪口呆，这帮人怎么这么聪明？！比聪明你已经没有机会了，比勤奋估计更没机会，你只能比未来，我认为 10 年以后中国会出现这样的事情，所以我必须去做。

你坚持 10 年、15 年，不要怕犯错误，这个远见确定以后，再去找一批优秀的人员，因为你不懂技术，你要找到最懂技术的人，并且学会怎么跟他合作，而不是他跟你合作；你不懂商务、不懂财务，你必须找到最懂财务的人，然后思考怎么去配合他工作，这么倒过来看，这件事情就有点机会。

所以，一直以来阿里跟别人巨大的差异就在于我们对未来的坚持，我们相信 10 年以后、20 年以后，这个世界上一定会有阿里的。我很早就跟人家探讨什么是战略，战略就是你知道这样下去，将来一定在这儿，所以在这儿挖一个坑，人家会跑过来的。

你必须判断，政府在 10 年以后一定会做这件事情，所以你先把它做起来，等政府一号召，成千上万人涌上来，机会就小了。市场也是一样的，你必须在市场出现之前做判断。

我觉得阿里这家公司之所以与众不同，第一，我们对未来是有不同坚持的；第二，由于阿里创始人和 CEO 不懂技术、不懂这些东西，反而聚集了很多这样的人才进来；第三，要有足够的耐心，有人说要有足够的钱，不，其实你只要对未来执着。你有优秀的团队，你不怕犯错误，在错误中不断学习，把它变成营养，我相信钱自然会来。

追着钱没有意义，钱是追人的，人要是追钱，一点儿出息都没有。我们谈风险投资，其实那时候我去见孙正义，我根本没想过要人家钱，我只是觉得大家探讨互联网，我兴趣大增，你如果问人家要钱，那眼神也不对了。你要风险投资，你的自信来自于你知道自己要做什么，而不是我要钱，要钱的话，基本就矮了一截了。

所以阿里在六七年以前或者三五年以前备受争议，这个公司根本不靠谱，怎么看都不行，其实我们上市前两个月，很多人还认为我们公司根本不赚钱的，没法赚钱。那时候我很坚信，阿里巴巴比这些人想象的要好多了，他们说阿里很烂，其实我知道我们还可以，比你想象的好。

但是今天我们碰上大麻烦了，大家认为你那么好，太好了，说你无所不能，其实我知道我们没那么好。现在是最危险的时候，别人对你的期望值很高，觉得你们公司里都是神人，什么都能干，一个人认为自己什么都懂、什么都能干的时候，麻烦就来了。

我们每个人一定要明白自己的界限，自己要做什么，想做什么。

第二个，我想跟大家交流的，所谓的电子商务，其实阿里巴巴不是一家电子商务公司，阿里巴巴是一家帮助别人成为电子商务的公司，阿里巴巴的生意模式，全世界很少看到。人家有个亚马逊，有个 eBay，人家有这个有那个，怎么中国搞了这么个东西出来？这是在中国独特的情况下诞生出来的。15 年以前，我们确定做互联网电子商务的时候，便做了一个很重要的决定：我们是做大企业还是做小企业，我们如果做大企业，可能挣钱容易一点，那时候最流行的话是电子商务解决方案，如果你搞定一家大国企，搞定一家跨国企业，你给他提供电子商务解决方案，就能很快挣点钱。但这不是我们的强项，我们做不了这个事情。

如果说互联网是 21 世纪变化最大的一个技术，变革的技术，它一定是做昨天做不到的事情。那么是什么东西昨天做不到呢？就是帮助那些小企业，锁定那种昨天没有得到帮助的人，解放那些小企业的生产力，解放能够让这些小企业具有 IT 的能力。所以我们是 15 年以前就锁定只做小企业、只帮小企业，由此导致我们的方向完全颠倒了过来，跟别人不一样。

小企业非常难做，十三四年以前，那时候我刚看了一个电影《阿甘正传》，我去了硅谷，30 多家风险投资全说我们对你没兴趣，因为你这个 Model（模式）根本不可能 Work（奏效），生意模式一定不成功，因为美国没有这样的商业模式，凭什么你们中国会诞生出来？他们问得也对，因为那时候在中国做互联网，都是从美国拷贝一个模式过来。而我们想做中小企业，基本上人家想都没想过，蚊子的大腿肉本来没有多少，你是挖不出东西来的。

我觉得《阿甘正传》这部电影告诉我，没有人能通过鲨鱼、鲸鱼赚出钱来，而如果从虾米肉里面挖出钱来，每个人身上拿出一点点，这个聚集起来一定可以的。但是你想从每个人身上拿到一点点的话，你就必须为每个个体创造独特的价值，这是别的技术公司做不到的。所以15年以来阿里巴巴只专注于中小企业，也不是第一天想明白这个模式的，我们也犯了无数错误，直到七八年以前我们才明白一个道理：要想帮助小企业，你必须建立一个生态系统。

所以我们今天的生意模式，确实是被逼出来的。帮助一个很小的企业，你从它身上只能挣到三四十元钱，你怎么可能派人去跟他交流，怎么可能跟他沟通，怎么给他做解决方案？小企业的需求是很多的，需要物流、需要诚信、需要信息、需要数据、需要支付，这整个的体系，我们没有办法全做完，所以我们必须引进各种各样的合作伙伴，大家一起来干，每个人在这里面拿到一点点，你才有机会成功。

做任何生意，必须想到3W：Win，三个Win。第一个Win，是客户Win，你做任何事情，客户首先要赢；第二个Win，合作伙伴一定要赢；第三，你要赢。三个W，你少一个W，找不到这个网页；三个“赢”，你少中间任何一个“赢”，这个生意就没法做下去。

我们做任何产品和服务，都要首先问一个问题：你的客户有没有用、客户认为好不好；第二，这么多人参与，参与者有没有机会；第三，干了那么多事情，你到底能不能活着，如果不能活着，你怎么能坚持下去？这些我认为是阿里巴巴独特的商业模式，在中国有成千上万的小企业需要这样的支持，我们的出发点来自于哪里？也不是来自于帮助中小企业是多了不起的使命，我们只是在所有人做大企业的时候，做了小企业，我们没有别的路可选。1995 年我自己创业，要钱没钱，要技术没技术，很艰难。要说 15 年以前就想到了今天，那是胡说八道，但是我今天必须想明白 15 年以后干什么，因为今天我们算有人了、有技术了、有数据了，算对未来的思考越来越清楚了，我们必须要思考未来想干什么。

不管阿里巴巴也好、百度也好、腾讯也好、亚马逊也好、Google 也好，我们这些人都是幸运的，我们都是在合适的时候做了合适的选择，碰上了合适的人，走到了今天。但是我们最应该去思考的是，如何能够再坚持 15 年到 20 年，依旧能够像今天这样，这才是最大的挑战。

我们昨天是为了乐趣而活着，大家去看看我们以前讲过的很多话，确实是这样，那时候哪来的收入，哪来的利润？没有营业额，没有利润，我们每天兴高采烈是因为什么？是因为每天客户的感谢，每天客户成长了多少。其实前 10 年阿里巴巴考核自己是否成功的一个重要因素，不是我们有没有成功，而是我们的客户有没有因为我们而成功，如果我们过早地成功了，客户就不会成功。

当然你能够做到一起成功是最好的，但是你只有一条路可以选择的时候，什么是你应该放弃的？那就是放弃自己的利益，让别人先成功。20 世纪做企业一定要用好 IT 技术，而 21 世纪做企业，一定要用好 Data 技术，IT 技术和 Data 技术有巨大的差异。Data 技术的核心，也就是互联网这一世纪最了不起的东西，是利他主义，相信别人比你重要，相信别人比你聪明，相信别人比你能干，相信只有别人成功你才能成功。

我今天讲这句话，100 年以后我们来证明。我们都活不到那天，但是 100 年以后去看，一定是从以我为中心转变为以他人为中心。我钱越多，我越强大，其实别人越弱小。IT 时代诞生无数巨头，但 DT 时代你只能倒过来，别人越强大，你才会越强大。从 IT 时代到 DT 时代，最小的标志是你的思想如何帮助别人成功。

DT 时代第二个非常重要的特征是体验，体验很有意思，就是感受。我们在 20 世纪讲了很多服务，我们不断地增加服务能力，其实客户要的不是服务，客户要的是体验。

体验是 21 世纪很了不起的技能，这个技能工程师不拥有，老板不拥有，体验是 21 世纪的人的情商造成的。20 世纪拼智商，21 世纪拼情商，情商是让人家舒服，让客户舒服，让合作伙伴舒服，没有比这个更重要了。体验时代的女人会越来越厉害，因为很重要的一点是女人思考别人比男人多，女人要照顾老公、孩子，然后才考虑到自己；男人基本上来讲，对不起，我也是其中一个，男人基本上以自己为中心。

你会发现，无论在政界、商界，妇女会越来越多，阿里巴巴很有意思，我们公司可能是全世界 IT 公司中女性员工最多的一个公司。有一个美国记者曾问我，你们公司怎么那么多女孩？我还没反应过来，怎么那么多女孩，有问题吗？不会因为这个上市也不能上了吧。我们有 46% 的员工是女性，本来有 49%~50% 的，后来前一段时间收购了两家公司，男人太多，把我们的比例给降下来了。

我们有 36% 的管理层是女性，23% 的高级管理层是女性，我们有女性的 CEO、女性的 COO、女性的 CFO，我们从来没有把她们当女性看。因为我觉得首先她们是人，而她们身上有独特的东西，体验她们确实做得好，因为女性懂得怎么服务别人、怎么理解别人、怎么支持别人。

这也是非常关键的，21 世纪很多东西都会发生很大的变化，所以你的服务、你的技术再好，如果没有办法给客户好的体验也不行。很多年以前，有一个畅想未来的房子，说是微软设计的 21 世纪最牛的房子，我很好奇地跑进去，半天以后就跑出来了，这个地方不行，这是工程师想象中的，整个房间里面全是电脑控制，比如到吃药时间了，几点钟，掉下两颗药……如果程序出了问题，你跑也跑不出来了。这其中没有体验的感觉，什么叫体验的感觉？你觉得舒服，如果你发现你是被电脑控制的，而不是你控制了电脑，这样下去问题就大了。

很多人在畅想未来，我发现绝大部分工程师都在畅想未来，最简单的，你希望你的孩子生活在一个山清水秀、舒适的状态下面，这个思考才是体验的思考。

第三个，透明度。21 世纪由于出现了数据、出现了互联网，做任何事情，你要想藏藏躲躲基本没可能，所以隐私这个问题很有意思。今天讨论隐私担忧的问题，20 年以后基本上观念都转变了。我记得 1995 年第一次到北京去讨论互联网，是中国科协召开的会议，20 多位专家坐在一起讨论未来的互联网，我是被邀请的其中一个。大家在讨论未来互联网这个不对那个不对、必须控制这个控制那个、不控制就会出问题，等等。

反正我那时候不以为然，我第一认为中国那时候并没有专家；第二，我觉得他们担心的问题是瞎担心，都还没长出来呢，就开始担心了。事实上 20 年以前担心的事情到现在为止都没有出现，没有担心的事情却都出来了。

从 IT 时代到 DT 时代，小企业变成关键。回到我们谈的未来的电子商务，阿里巴巴发展到今天为止，还要问自己一个问题：我们为谁而生存，我们是不是解决了 15 年前我们提出的“让天下没有难做的生意”这个问题？

这世界上最悲剧的是有名没钱，第二个悲剧是太有钱。很多人没这个感受，我反正有这个感受，第一不能有名，男人一有名倒霉的事情就来了，钱是花不掉的，你要想明白钱到底是什么。如果你想成为一个大商人，是因为你的乐趣在于别人的成功，你看到街上很多人跟你笑，说你做得真好，你帮助了我们家的老婆、我们家的孩子。这个乐趣是钱买不到的，人家发自内心地说这个东西真好，虽然我也知道这个东西跟我没关系，我从来没有写过一个程序。所以把这些事情想明白，继续保持这样的乐趣，别人开心了，你开心了；别人体验好了，你感受好了，就是这么一回事。

我认为对阿里巴巴来说，要继续思考一个问题：我们如何帮助更多的小企业成长起来，不仅在中国，更应该去思考全球。中国我们还有很多问题没有解决呢，有太多的中国小企业今天并不好。很多人讲电商有很多问题，假货的问题、知识产权的问题、炒信用的问题，解决这一系列的问题才是乐趣所在，解决这些问题才要你存在。

这些问题是技术、社会、教育、文化等各种合在一起才有可能解决的，这些问题的解决，可能要在 20 年以后。电子商务对这个社会能做出的巨大贡献之一，是我们解决了假货问题，是因为我们解决了在中国盗版的问题，是因为我们帮助中国企业建立起信用体系，这是我们对这个时代做出的巨大贡献。这些问题解决了，人们的体验会更好，这些问题我认为是乐趣所在。

以前的全球化其实是美国化，我不说美国好还是不好，但是有一点是肯定的，全球化的核心是给当地创造价值，给当地创造就业，给当地创造税收。我们以前所有的思考，基本上是我的产品如何卖到人家家里去，从人家口袋里面掏出钱来。阿里巴巴的全球化要思考一个问题，如何帮别人把产品卖到我们家来，中国有巨大的需求，中国的中产阶级在高速成长，我七八年以前在硅谷讲话，被人家笑话了一通，我说中国互联网用户会超过美国，人家说你瞎说。我那时候也不像学者和所谓专家能拿出数据来，我就找了一个理由：美国人口将近3亿，不死人，你10年以后还只有3亿人；中国13亿人口，让3亿人轻轻松松上网就够了。我们发现，10年以后，中国中产阶级的人数就跟美国的人口差不多了。

中国的空气、环境、水已经无法支撑未来三四亿中产阶级的各种各样的需求和服务，我们如何把全世界很好的产品引进来，满足中国的中产阶级，甚至亚太地区和全世界的需求？地球已经真正成为一个村落，不要认为我在杭州，原来的贸易方式会因为互联网彻底改变，WTO是一个伟大的创举，但这是在上一个世纪，WTO是政府制定的游戏规则，企业只是执行，而政府制定的游戏规则，有时候是非常难让企业执行的。各国之间出于政治的原因，中国跟日本谈判，日本跟韩国谈判，根本不坐在一起，各国有各国自己的思考，必定影响市场。我们应该建立一个真正通过市场经济、通过企业家组建起来的商业社会，而今天互联网给了我们这样的机会。

也许由于互联网的出现、DT的出现，全世界的小企业会因为这个技术、因为这个支付、因为这个跨境物流联合在一起。就像今天淘宝网站上，青海和浙江、浙江和海南、海南和广东，整个贸易自由流通，如果是各省政府官员坐下来谈判搞一个协议，未必能做成，一定是商人之间达成一个协议。

全世界各国的意识形态、政治观点都不一样，但是全世界的商人观点是一样的，诚信、Money，只有这个东西才能打通。什么是钱？钱背后是信用，信用背后是交易，交易背后是大家诚信往来的行为规范，这个将会在二三十年以后体现出来，互联网将会改变全球贸易的整个走势和格局，随着电子商务越来越多，这才是巨大的机会所在。我们今天要看，意大利也好，法国也好，太多的小企业没找到机会，今天法国大品牌都在中国了，意大利大品牌都在中国了，可是小品牌呢？以前大企业有这个钱，有这个 IT，今天的小企业没有钱，没有这个 IT，这给了我们这代人最大的机会。以前我们农村的人没有办法享受到都市生活，没有办法享受到东京、纽约的生活，假如说互联网能够让农民在山清水秀里面享受生活，这个创举也只有技术革命能够带来。

未来的 30 年到 50 年内，我相信没有人能阻挡互联网的力量，互联网本身是能自己完善的。对此，我不想讲细节，我只是想讲一个：二三十年内，绝大部分的贸易，跨境贸易以及内贸的形势、方式、参与的人等都会发生变化。阿里巴巴今天最激动、最高兴的是我们参与了未来企业的打造，今天，电子商务已经成为 10 年以后成功企业的必备要素。其实今天的企业要想成功，必须离消费者近，通过互联网了解你的销售、了解你的消费者，你才会成功；了解你的客户，你才会成功。原来广东大批企业是包给别人干的，销售包给别人干，但是都包给别人干，你自己就没有机会了。离消费者近，电子商务给小企业带来了巨大的机会。

任何一次技术革命，只要是技术革命，都有文明的冲突，都有社会的冲突。工业革命很好，蒸汽机火车来了，文明的冲突是第一次世界大战和第二次世界大战；今天由于出现了互联网，这次冲突，文明的冲突，很有意思，不会是战争，而是昨天的成功者与今天的成功者之间的冲突，昨天的理念与今天的理念的冲突。昨天我说数据的鸿沟不是技术问题，是认识问题、学习能力的问题。未来二三十年的冲突来自于我们怎么去解决。假货的问题我认为只能靠互联网来解决，今天在淘宝上面、阿里巴巴市场上面，大家说你们假货很多，说假货多的人，肯定基本上从来没在淘宝上买过东西，20 世纪是别人说什么你买什么，21 世纪是你自己决定是否有这个能力参与这件事情——购物，比如你 25 元钱就想买一块劳力士手表，这是不可能的，还是你自己太贪了。

如果你去广东和福建很多假货集团调查一下，他们最怕到淘宝网去卖，很简单，我们很快能查出谁在卖、谁在生产，公安马上扑上去了。线下你是很难找到谁在卖假货的，这一两年来，整个电子商务在中国的发展，如果有假货，每天销售额能有六七十亿元吗？第二，知识产权的问题，电子商务也同样能够解决这个问题，炒信用的问题也能解决。有人说电子商务不赚钱，那是因为你方式不对，你做对了，今天中国有90%以上赚钱的电子商务企业都在一个生态系统，就是阿里巴巴的生态系统。学会怎么利用好流量，怎么利用好人家的物流，怎么利用好支付体系，这个解决好你才有可能赚钱。未来全球电子商务一定是社会化的，没有任何一家公司有这个能力建立一家快递公司运到全世界各地；没有任何一家公司有这个能力建立一个标准，所有支付都用你的；没有任何一家公司能够采购遍全世界的商品卖给全世界的消费者，这就需要社会化。全球经济一体化会因为互联网而加速，会因为互联网而完善，这就是我今天想跟大家交流的东西。

至于赚不赚钱的问题，今天干，今天就想赚钱，这几乎是不可能的。在结束我自己的讲话之前，我想讲一个故事：我跟eBay竞争的时候，也就是2004年的时候，在上海见了一帮小年轻，全是eBay大卖家，非常大的卖家。我们在一个酒吧里面讨论，记得那天下了大雨，我说各位，你们规模有多大？他说我不得了，一个月营业额5万元人民币。我说，我的看法是，日后，你一个月的营业额不到100万元人民币，你都不好意思说你自己是一个卖家。他说那你是外行了。事实证明，今天一个月卖5000万元，都不好意思说自己在淘宝阿里生态系统是大卖家。阿里巴巴不是一家电子商务企业，它是电子商务的基础设施提供商，或者说我们在打造一个商业的基础设施，它希望所有人参与、所有人成功，它创造的整个商业模式是3W、赢赢赢。

我跟大家说的，里面有很多是我们自己的思考，没有形成体系。形成体系是专家的工作，而分享是21世纪DT时代最关键的技能和品质。

谢谢大家！

（2014年11月20日，有删节）